"十二五"职业教育规划教材

Zhongxin Xinhao Shebei Jianxiu
中心信号设备检修

付兵 杨菁 主编
王 磊[成都轨道交通集团有限公司] 主审

人民交通出版社股份有限公司
China Communications Press Co.,Ltd.

内容提要

本书共 4 个项目、18 个工作任务，分别介绍了城市轨道交通中心信号设备（ATS）的构成、基本原理、基本操作、维护及常见故障处理。内容上注重由浅及深的原则，先介绍中心信号设备的组成、功能、基本操作，在此基础上进行维护规程及常见故障处理的介绍，维护内容渗透设备日常巡视及检修实际操作流程，更深层次地介绍设备常见故障及处理故障的方法。书中信号设备的维护都是基于工作过程的，内容实用、针对性强，便于快速了解和掌握中心信号设备的维护技能。

本书是城市轨道交通相关专业职业教育规划教材，可作为城市轨道交通通信信号技术人员的学习参考书，亦可作为本科院校相关专业师生的阅读参考书。

* 本书配多媒体课件。教师可通过加入职教轨道教学研讨 QQ 群（群号：129327355）索取课件和样书。

图书在版编目（CIP）数据

中心信号设备检修 / 付兵，杨菁主编. —北京：
人民交通出版社股份有限公司，2017.8
"十二五"职业教育规划教材
ISBN 978-7-114-13989-5

Ⅰ.①中… Ⅱ.①付… ②杨… Ⅲ.①铁路信号—信号设备—检修—职业教育—教材 Ⅳ.①U284.7

中国版本图书馆 CIP 数据核字（2017）第 160710 号

"十二五"职业教育规划教材

书　　名：	中心信号设备检修
著 作 者：	付　兵　杨　菁
责任编辑：	司昌静　周　凯　卢　珊
出版发行：	人民交通出版社股份有限公司
地　　址：	（100011）北京市朝阳区安定门外外馆斜街 3 号
网　　址：	http://www.ccpress.com.cn
销售电话：	（010）59757973
总 经 销：	人民交通出版社股份有限公司发行部
经　　销：	各地新华书店
印　　刷：	北京鑫正大印刷有限公司
开　　本：	787 × 1092　1/16
印　　张：	11.25
字　　数：	270 千
版　　次：	2017 年 8 月　第 1 版
印　　次：	2018 年 7 月　第 2 次印刷
书　　号：	ISBN 978-7-114-13989-5
定　　价：	30.00 元

（有印刷、装订质量问题的图书由本公司负责调换）

前言

　　城市轨道交通以其快捷、舒适等其他交通工具无法比拟的优越性，成为城市交通发展新的热点和重点，当前我国的城市轨道交通正处在大发展、大建设时期。随着城市轨道交通事业的迅猛发展，需要大量的城市轨道交通信号设备专业技术维护人员，从业者需要进行专业的技能培训才能上岗。

　　本书采用校企合作模式编写，结合全国城市轨道交通发展状况，既汇集了高校专业教师的理论知识，也汇聚了城市轨道交通运营企业专业技术人员的宝贵经验。希望能为从业者在技术层面上增加知识储备。

　　本书介绍了城市轨道交通中心信号设备的构成、基本原理、基本操作、维护及常见故障处理。主要内容包括中心信号设备检修必备的网络基础知识、常见计算机接口和常用维护命令，中心信号设备ATS子系统的组成、功能及设备维护，最后介绍了卡斯柯和浙大网新中心信号设备的组成、功能、基本操作、维护及常见故障处理。内容上按由浅及深的原则，先介绍中心信号设备的组成、功能、基本操作，在此基础上进行维护规程及常见故障处理的介绍，维护内容渗透设备日常巡视及检修实际操作流程，更深层次地介绍设备常见故障及处理故障的方法。书中信号设备的维护都是基于工作过程的，内容实用、针对性强，便于快速了解和掌握中心信号设备的维护技能。

　　本书编写人员由地铁公司经验丰富的技术人员和从事轨道交通职业技术教育的教师组成。全书共4个项目18个工作任务，具体编写分工如下：项目一由杨菁、付兵、江蓉秋编写，项目二由付兵、杨菁编写，项目三由杨菁、付兵、赖成红编写，项目四由杨菁、黄浩勇编写。全书由成都工业职业技术学院的付兵和成都轨道交通集团有限公司的杨菁统稿，由成都轨道交通集团有限公司王磊主审。

本书在编写过程中,得到了成都地铁、上海地铁、中铁第二勘察设计院等单位的支持和帮助,在此表示由衷感谢。

由于编者水平有限,资料收集不全,书中难免有疏漏、错误、不妥之处,望广大读者批评指正,以便提高本书质量。

作 者
2017 年 5 月

目录

项目一 计算机及网络基础 ……………………………………………………… 1
 工作任务一 网络设备基础 …………………………………………………… 1
 工作任务二 计算机接口 ……………………………………………………… 7
 工作任务三 操作系统及常用命令 …………………………………………… 11
 工作任务四 计算机及网络设备维护 ………………………………………… 17
 思考与练习 ……………………………………………………………………… 22

项目二 中心信号设备 …………………………………………………………… 23
 工作任务一 中心信号设备构成 ……………………………………………… 23
 工作任务二 中心信号设备功能 ……………………………………………… 25
 工作任务三 中心信号设备的维护 …………………………………………… 32
 工作任务四 中心信号设备故障处理 ………………………………………… 33
 思考与练习 ……………………………………………………………………… 36

项目三 卡斯柯中心信号设备 …………………………………………………… 37
 工作任务一 设备组成及功能 ………………………………………………… 37
 工作任务二 设备人机界面显示 ……………………………………………… 42
 工作任务三 设备系统操作 …………………………………………………… 57
 工作任务四 设备的维护 ……………………………………………………… 74
 工作任务五 故障诊断及处理 ………………………………………………… 97
 思考与练习 ……………………………………………………………………… 101

项目四 浙大网新中心信号设备 ………………………………………………… 102
 工作任务一 系统设备组成及功能 …………………………………………… 102

工作任务二　信号设备人机界面显示……………………………………………106
工作任务三　设备系统操作……………………………………………………117
工作任务四　设备的维护………………………………………………………134
工作任务五　故障诊断和处理…………………………………………………164
思考与练习………………………………………………………………………171

参考文献……………………………………………………………………………172

项目一　计算机及网络基础

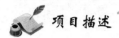
项目描述

中心信号设备的基础是计算机和网络。本项目主要认识和掌握常见计算机接口、学习网络基础知识、熟悉常用维护命令、掌握计算机及网络设备维护的原则和方法。

教学目标

(1)认识各种计算机网络基础设备。
(2)理解各种计算机网络基础设备的作用和功能。
(3)了解计算机硬件接口的种类和各自的用途。
(4)熟悉音/视频接口的类型和各自的优缺点。
(5)掌握通信及外设接口的类型及各自的用途。
(6)了解主要的计算机操作系统种类及各自的特点。
(7)理解操作系统主要功能和特性。
(8)熟悉 LINUX 系统的一些常用命令。
(9)掌握维护常用命令的含义。
(10)了解系统备份与维护的方法。
(11)理解计算机故障检测应该遵循的原则。
(12)熟悉计算机故障检测的基本方法。
(13)掌握网络故障的检测方法。

工作任务一　网络设备基础

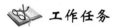
工作任务

(1)认识各种计算机网络基础设备。
(2)理解各种计算机网络基础设备的作用和功能。
(3)掌握各种网络传输介质的优缺点。

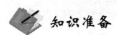
知识准备

网络设备主要有网卡、中继器、网桥、集线器、交换机、路由器、防火墙和传输介质等。

一、网卡

图1-1　网络接口卡

网络接口卡(Network Interface Card,NIC),又称网卡或网络适配器,工作在数据链路层的网络组件,是主机和网络的接口,用于协调主机与网络间数据、指令或信息的发送与接收,如图1-1所示。

在发送方,把主机产生的串行数字信号转换成能通过传输媒介传输的比特流;在接收方,把通过传输媒介接收的比特流重组成为本地设备可以处理的数据。主要作用如下:

(1)读入由其他网络设备传输过来的数据包,经过拆包,将其变成客户机或服务器可以识别的数据,通过主板上的总线将数据传输到所需设备中。

(2)将 PC 发送的数据,打包后输送至其他网络设备中。

二、传输介质

网络传输介质是网络中发送方与接收方之间的物理通路,它对网络的数据通信具有一定的影响。常用的传输介质有:双绞线、同轴电缆、光纤等。

1. 双绞线

双绞线也就是通常所使用的网线,是将一对以上的导线组合封装在一个绝缘外套中,为了降低信号的干扰程度,电缆中的每一对双绞线一般是由两根绝缘铜导线相互扭绕而成,也因此把它称为双绞线,如图1-2所示。

双绞线分为非屏蔽双绞线和屏蔽双绞线。

(1)非屏蔽双绞线:价格便宜,传输速度偏低,抗干扰能力较差。

(2)屏蔽双绞线:抗干扰能力较好,具有更高的传输速度,但价格相对较贵。

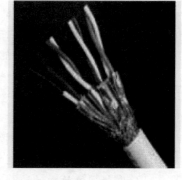

图1-2　双绞线

2. 同轴电缆

同轴电缆由一根空心的外圆柱导体和一根位于中心轴线的内导线组成,内导线和圆柱导体及外界之间用绝缘材料隔开,如图1-3所示。

按直径不同,同轴电缆可分为粗缆和细缆两种。

(1)粗缆:传输距离长、性能好,但成本高、网络安装维护困难,一般用于大型局域网的干线。

(2)细缆:安装较容易,造价较低,但传输距离短,日常维护不方便。

3. 光纤

光纤又称为光缆或光导纤维,由光导纤维纤芯、玻璃网层和外壳组成。应用光学原理,由光发送机产生光束,将电信号变为光信号,再把光信号导入光纤,在另一端由光接收机接收光纤上传来的光信号,并把它恢复为电信号,如图1-4所示。

图1-3 同轴电缆

图1-4 光纤

与其他传输介质比较,光纤的电磁绝缘性能好、信号衰弱小、频带宽、传输速度快、传输距离远,但价格昂贵,主要用于要求传输距离较长、布线条件特殊的主干网连接。分为单模光纤和多模光纤。

(1)单模光纤:由激光作为光源,仅有一条光通路,传输距离远,2km以上。
(2)多模光纤:由二极管发光,可同时传输多路光线,传输距离稍短,2km以内。

三、中继器

中继器(Repeater)是网络物理层上的连接设备。适用于完全相同的两类网络的互连,主要功能是对数据信号进行再生和还原,重新发送或者转发,扩大网络传输的距离。由于存在损耗,在线路上传输的信号功率会逐渐衰减,衰减到一定程度时将造成信号失真,最终会导致接收错误。中继器就是为解决这一问题而设计的,它完成物理线路的连接,对衰减的信号进行放大,保持与原数据相同。经过远距离传输过来的信号经过中继器处理后,再传输到各设备,如图1-5所示。

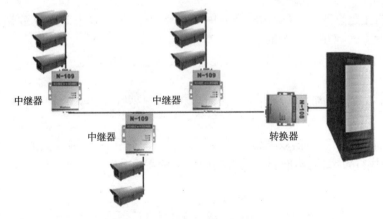
图1-5 中继器

四、网桥

网桥(Bridge)像一个"聪明"的中继器。中继器从一个网络电缆里接收信号,放大它们,将其送入下一个电缆。相比较而言,网桥将两个相似的网络连接起来,并对网络数据的流通进行管理,如图1-6所示。

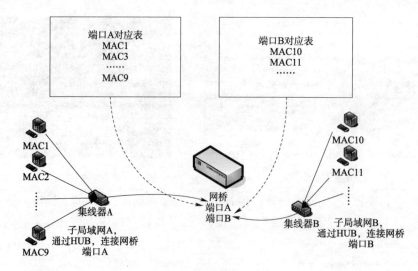

图 1-6 网桥

它工作于数据链路层,不但能扩展网络的距离或范围,而且可提高网络的性能、可靠性和安全性。网桥可以是专门硬件设备,也可以由计算机加装的网桥软件来实现,这时计算机上会安装多个网卡。

通过一个网桥连接两个网络,网桥的 A 端口连接 A 子网,B 端口连接 B 子网。当有数据包进入端口 A 时,网桥从数据包中提取出源 MAC 地址和目的 MAC 地址,以源 MAC 地址更新转发表,根据目的 MAC 地址查找转发表,找到该地址所对应的端口号,进行转发。

五、集线器

集线器(Hub)是属于物理层的硬件设备,可以理解为具有多端口的中继器。同样对接收到的信号进行再生整形放大,以扩大网络的传输距离,它采用广播方式转发数据,不具有针对性。但这种转发方式存在如下不足:

(1)用户数据包向所有节点发送,很可能带来数据通信的不安全因素,数据包容易被他人非法截获。

(2)由于所有数据包都是向所有节点同时发送,容易造成网络塞车现象,降低了网络执行效率。

(3)非双向传输,网络通信效率低。集线器的同一时刻每一个端口只能进行一个方向的数据通信,网络执行效率低,不能满足较大型网络通信需求。

集线器工作过程,如图 1-7 所示。

六、交换机

交换机(Switch)是一种用于信号转发的网络设备。与集线器广播的方式不同,它维持一张 MAC 地址表,可以为接入交换机的任意两个网络节点提供独享的电信号通路。主要有二重交换机和三重交换机,二重交换机属数据链路层设备,可以识别数据包中的 MAC 地址信息,根据 MAC 地址进行转发,三重交换机带路由功能,工作于网络层。网络中的交换机一般默认是二重交换机。

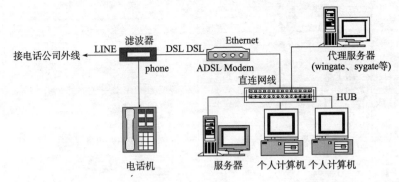

图 1-7 集线器

交换机也有一张 MAC-PORT 对应表,和网桥不一样的是,网桥的表是一对多的(一个端口号对多个 MAC 地址),但交换机的表却是一对一的,根据对应关系进行数据转发。

交换机工作原理,如图 1-8 所示。

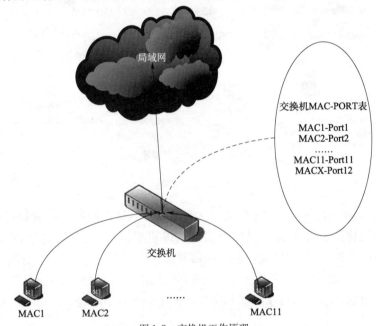

图 1-8 交换机工作原理

七、路由器

路由器工作在 OSI 体系结构中的网络层,能够根据一定的路由选择算法,结合数据包中的目的 IP 地址,确定传输数据的最佳路径。同样是维持一张地址与端口的对应表,但与网桥和交换机不同之处在于,网桥和交换机利用 MAC 地址来确定数据的转发端口,而路由器利用网络层中的 IP 地址,来作出相应的决定。由于路由选择算法比较复杂,路由器的数据转发速度比网桥和交换机慢,主要用于广域网之间或广域网与局域网的互连。

路由器的两端分别连接局域网和广域网。其中,无线局域网通过无线 AP(无线交换机)级连到上层交换机中,通过路由器连接到互联网。

路由器工作原理,如图 1-9 所示。

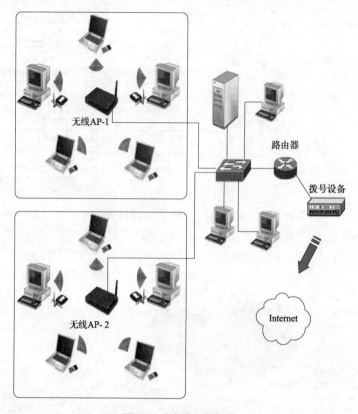

图 1-9　路由器工作原理

八、防火墙

防火墙（Fire Wall）是一个位于计算机和它所连接的网络之间的软件或硬件（硬件防火墙将隔离程序直接固化到芯片上，因为价格昂贵，用得较少，一般用于国防以及大型机房等）。它实际上是一种隔离技术，防火墙是在两个网络通信时执行的一种访问权限控制，它能将非法用户或数据拒之门外，最大限度地阻止网络中黑客的攻击，从而保护内部网免受入侵。防火墙主要由服务访问规则、验证工具包、过滤和应用网关 4 个部分组成，如图 1-10 所示。

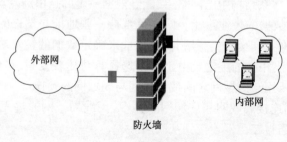

图 1-10　防火墙

工作任务二　计算机接口

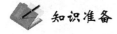

工作任务

（1）了解计算机硬件接口的种类和各自的用途。
（2）熟悉音/视频接口的类型和各自的优缺点。
（3）掌握通信及外设接口的类型及各自的用途。

知识准备

一、硬件接口

硬件接口包括串行高级技术附件（SATA）、外设部件互连标准（PCI）、高速串行计算机扩展总线标准（PCIe）。

1. SATA

SATA（Serial Advanced Technology Attachment，SATA 或 Serial ATA）是台式机硬盘接口。串行接口结构简单，支持热插拔，传输速度快，执行效率高。使用 SATA 口的硬盘又叫串口硬盘，是目前最常用的台式机硬盘接口，如图 1-11 所示。

图 1-11　SATA 接口

SATA 采用串行连接方式，其总线使用嵌入式时钟信号，具备了更强的纠错能力，与以往相比其最大的优势在于能对传输指令（不仅仅是数据）进行检查，如果发现错误会自动矫正，这在很大程度上提高了数据传输的可靠性。

2. PCI

PCI（Peripheral Component Interconnect，PCI）是早期个人电脑中使用最为广泛的接口，为显卡、声卡、网卡、MODEM 等设备提供了连接接口，其工作频率为 33 MHz/66 MHz。PCI 总线的带宽，对声卡、网卡、视频卡等绝大多数输入/输出设备显得绰绰有余，但对性能日益强大的显卡则无法满足其需求，如图 1-12 所示。

3. PCIe

总线接口（Peripheral Component Interconnect Express，PCIe 或 PCI Express）通常用于显卡、网卡等主板类接口卡。其传输优势远大于 PCI 总线。应用模型、存储结构、软件接口等关键 PCI 特征与传统 PCI 总线保持一致。系统总线带宽提高的同时，减少了硬件 PIN 的数量，大大降低了硬件成本，如图 1-13 所示。

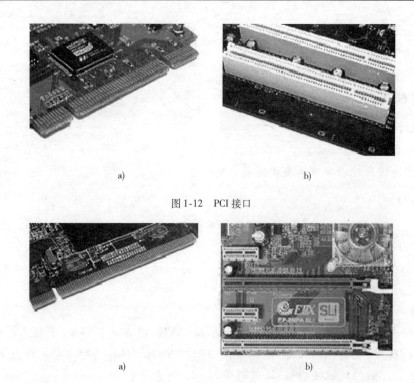

图 1-12　PCI 接口

图 1-13　PCIe 接口

二、音/视频接口

音/视频接口包括：VGA（Video Graphics Array）接口、DVI（Digital Visual Interface）接口和 HDMI（High Definition Multimedia Interface）接口。

1. VGA 接口

VGA 接口即电脑采用 VGA 标准输出数据的专用接口，是显示器上最主要的接口。VGA 接口共有 15 针，分成 3 排，每排 5 个孔，是显卡上应用最为广泛的接口类型，绝大多数显卡都带有此种接口。它传输红、绿、蓝模拟信号以及同步信号（水平和垂直信号），如图 1-14 所示。

图 1-14　VGA 接口

2. DVI 接口

数字视频接口，考虑到兼容性问题，现在市场上主流显卡一般会采用 DVI-I 接口，可通过转换接头连接到普通的 VGA 接口。与 VGA 接口相比，DVI 接口数字图像信息无需经过 D/A（数字/模拟）、A/D（模拟/数字）的转换过程，而是直接被传送到显示设备上，大大节省了时间，传输速度加快，信号无衰减，可以有效消除拖影现象，使色彩更加纯净、逼真，图像的清晰度和细节表现力都得到了大幅度提高，如图 1-15 所示。

图 1-15　DVI 接口

3. HDMI 接口

高清晰度多媒体接口，可同时传送音频和影像信号，最高数据传输速度为 2.25GB/s，即插即用。不仅可以满足 1080P(宽 1920×高 1080)的分辨率，还能支持 DVD Audio 等数字音频格式，支持八声道 96kHz 或立体声 192kHz 数码音频传送，可以传送无压缩的音频信号及视频信号，提供最佳视频质量，如图 1-16 所示。

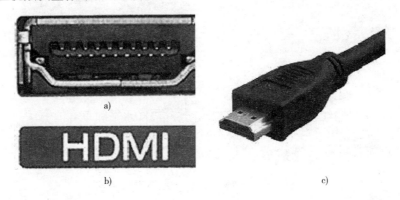

图 1-16　HDMI 接口

三、通信及外设接口

1. RJ45 接口

常见的 RJ45 接口有两类：用于以太网网卡、路由器以太网接口等的 DTE（数据终端设备）类型和用于交换机等的 DCE（数字通信设备）类型，如图 1-17 所示。

网线也分两种类型：广泛使用的直通线和用于特色连接的交叉线。使用直通线的网络设备一般连接到网络设备，比如路由器、交换机、HUB、ADSL 等；如果想要直接连接两种同类设备,比如两台电脑,则可以使用交叉线而无需通过交换机或集线器。

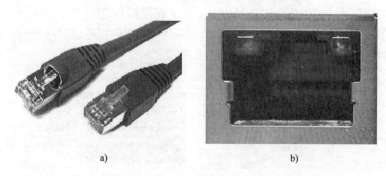

图1-17 RJ45接口

直通线和交叉线通过线序可区分。直通线,标准568B,两端线序相同,从左至右线序是:白橙,橙,白绿,蓝,白蓝,绿,白棕,棕。交叉线,标准568A,一端为直通线的线序,另一端从左至右为:白,绿,绿,白橙,蓝,白蓝,橙,白棕,棕。

2. RJ11接口

在电脑上,RJ11主要用于连接modem(调制解调器),如图1-18所示。RJ11和RJ45看起来很相似,但RJ11只有4针,而RJ45有8针。

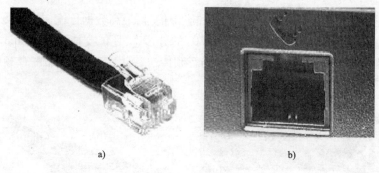

图1-18 RJ11接口

3. USB接口

用于将鼠标、键盘、移动硬盘、数码相机或打印机等外部设备连接到电脑,支持设备即插即用和热插拔。目前市场主流的USB3.0版本,其最高传输速率可达到500MB/s,如图1-19所示。

图1-19 USB接口

USB 接口有 3 种类型：Type A，一般用于 PC；Type B，一般用于 USB 设备；Mini-USB，一般用于数码相机、数码摄像机、测量仪器以及移动硬盘等。图 1-20a）所示接头为 Type A，图 1-20b）所示接头 Type B。

4. PS/2 接口

PS/2 是一种古老的接口，如图 1-21 所示。曾经广泛用于键盘和鼠标与电脑的连接，但已经逐渐被 USB 接口所替代。PS/2 接口一般都带有颜色标示，紫色用于连接键盘，绿色用于连接鼠标。

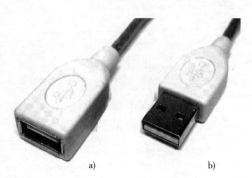

图 1-20　USB 接口

图 1-21　PS/2 接口

考虑到兼容性问题，USB 转 PS/2 接口可用于 USB 接口设备与 PS/2 接口的连接。如图 1-22 所示是比较常见的 USB 转 PS/2 接口。

图 1-22　USB 转 PS/2 接口

工作任务三　操作系统及常用命令

工作任务

（1）了解主要的计算机操作系统种类及各自的特点。
（2）理解操作系统主要功能和特性。
（3）熟悉 Linux 系统的一些常用命令。
（4）掌握维护常用命令的含义。

知识准备

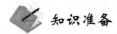

一、操作系统

在计算机的发展过程中,产生了许多应用于不同种类计算机,具有不同功能、不同特点的操作系统。对于中心信号设备来说,服务器软件通常基于 Linux 操作系统进行开发,而各类工作站软件,则运行于 Windows 系统。计算机系统组成,如图 1-23 所示。

- 计算机系统
  - 硬件(裸机)
  - 软件
    - 系统软件(如操作系统)
    - 应用软件(如办公软件)

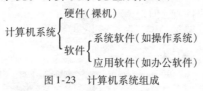

图 1-23　计算机系统组成

1. 操作系统简介

操作系统(Operating System,OS)是管理电脑硬件与软件资源的程序,同时也是计算机系统的内核与基石,任何其他软件都必须在操作系统的支持下才能运行。

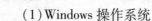

(1) Windows 操作系统

Windows 操作系统图标,如图 1-24 所示。

图 1-24　Windows 操作系统图标

Windows 是微软(Microsoft)公司在 1985 年 11 月发布的第一代窗口式多任务系统,它使 PC 机开始进入了图形用户界面时代。在图形用户界面中,每一种应用软件(即由 Windows 支持的软件)都用一个图标(Icon)表示,用户只需把鼠标移到某图标上,连续两次按下鼠标器的拾取键即可进入该软件,这种界面方式为用户提供了很大的方便,把计算机的使用提高到了一个新的阶段。

(2) UNIX 操作系统

UNIX 操作系统图标,如图 1-25 所示。

UNIX 系统于 1969 年在贝尔实验室诞生,最初是在中小型计算机上运用。它是一个强大的多用户、多任务分时操作系统,UNIX 支持模块化结构,即仅需要安装工作需要的部分。

UNIX 有很多种,许多公司都有自己的版本,如 AT&T、Sun、HP 等。

(3) Linux

Linux 操作系统图标,如图 1-26 所示。

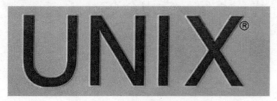

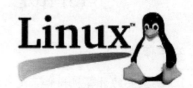

图 1-25　UNIX 操作系统图标

图 1-26　Linux 操作系统图标

Linux 是一套免费的 32 位和 64 位的多人多工的操作系统,其稳定性、多功能与网络功能已是许多商业操作系统无法比拟的。它还有一个最大的特点是,源代码完全公开,是一套免费使用和自由传播的类 Unix 操作系统,是建立不受任何商品化软件的版权制约的、全世界都能自由使用的 Unix 兼容产品。对应用开发者来说,为 Linux 平台开发应用的好处在于,Linux 平台支持更广泛的硬件。

2. 操作系统主要功能

操作系统主要功能有进程与处理机管理、作业管理、存储管理、设备管理、文件管理。操作系统功能示意,如图 1-27 所示。

用户使用应用软件,应用软件在操作系统中运行,操作系统再驱使硬件,从而达到用户需要的目的。

3. 操作系统的特性

(1) 并发性(Concurrence)

并行性和并发性是既相似又有区别的两个概念,并行性是指两个或多个事件在同一时刻发生;而并发性是指两个或多个事件在同一时间间隔内发生。在多道程序环境下,并发性是指在一段时间内,宏观上有多个程序在同时运行,但在单处理机系统中,每一时刻却仅能有一道程序执行,故微观上这些程序只能是分时地交替执行。倘若在计算机系统中有多个处理机,则这些可以并发执行的程序便可被分配到多个处理机上,实现并行执行,即利用每个处理机来处理一个可并发执行的程序,这样,多个程序便可同时执行。

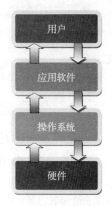

图 1-27 操作系统功能示意

(2) 共享(Sharing)

在操作系统环境下,所谓共享是指系统中的资源可供内存中多个并发执行的进程(线程)共同使用。由于资源属性的不同,进程对资源共享的方式也不同。

(3) 虚拟(Virtual)

操作系统中的所谓"虚拟",是指通过某种技术把一个物理实体变为若干个逻辑上的对应物。物理实体(前者)是实的,即实际存在的,而后者是虚的,是用户感觉上的东西。相应地,用于实现虚拟的技术,称为虚拟技术。在 OS 中利用了多种虚拟技术,分别用来实现虚拟处理机、虚拟内存、虚拟外部设备和虚拟信道等。

(4) 异步性(Asynchronism)

在多道程序环境下,允许多个进程并发执行,但只有进程在获得所需的资源后方能执行。在单处理机环境下,由于系统中只有一个处理机,因而每次只允许一个进程执行,其余进程只能等待。当正在执行的进程提出某种资源要求时,如打印请求,而此时打印机正在为其他某进程打印,由于打印机属于临界资源,因此正在执行的进程必须等待,且放弃处理机,直到打印机空闲,并再次把处理机分配给该进程时,该进程方能继续执行。可见,由于资源等因素的限制,进程的执行通常都不是"一气呵成",而是以"停停走走"的方式运行。

4. 从不同角度解理操作系统

(1) 人机交互的角度

操作系统是用户与计算机的接口,具有友好方便的用户接口界面。

(2) 从管理者的角度

操作系统是所管理资源的程序扩充。操作系统的工作就是分门别类地管理,并详细记录资源的使用情况,再按一定的策略对资源进行调度分配,为用户服务。

（3）从计算机系统结构的角度

操作系统是一种层次化、模块化结构的程序集合。

（4）操作系统本质

操作系统是计算机技术和管理技术的结合。

二、维护常用命令

作为中心信号设备的维护人员，需熟练掌握 Linux 系统的一些常用命令。

1. 用户命令

（1）< login > 登录。

（2）< logout > 退出。

（3）< exit > 退出。

（4）< shutdown > 停止系统。

（5）< halt > 停止系统。

（6）< reboot > 重启动。

（7）< poweroff > 切断电源。

（8）< sync > 把内存里的内容写入磁盘。

（9）< su > 切换到其他用户。

（10）< usermod > 修改用户设置。

（11）< chfn > 修改用户私人信息。

（12）< groupadd > 追加组。

（13）< groupdel > 删除组。

（14）< groupmod > 修改组设置。

（15）< passwd > 更改密码。

（16）< whoami > 显示用户名。

（17）< logname > 显示登录用户账号。

（18）< users > 显示所有登录用户信息。

（19）< who > 查询登录用户信息。

（20）< w > 查询登录用户信息。

（21）< id > 显示指定用户的 ID 信息。

（22）< groups > 显示指定用户的所属组。

2. 进程管理

（1）< ps > 显示正在运行的进程。

（2）< jobs > 显示后台运行任务。

（3）< fg > 把任务切换到前台。

（4）< bg > 把任务切换到后台。

（5）< kill > 中止进程或任务。

（6）< killall > 中止进程或任务。

（7）< atq > 显示尚未执行的任务。

(8) < nohup > 在后台执行任务,Logout 之后也不退出。

3. 文件相关命令

(1) < ls > 显示文件列表。

(2) < pwd > 显示当前路径。

(3) < cd > 更改当前路径。

(4) < dirs > 显示目录堆栈的内容。

(5) < mkdir > 创建路径。

(6) < rmdir > 删除路径。

(7) < cp > 复制文件/目录。

(8) < rm > 删除文件/目录。

(9) < mv > 移动文件/目录,修改文件名。

(10) < ln > 建立文件/目录链接。

(11) < find > 查找文件。

(12) < grep > 使用正则表达式搜索文本。

(13) < whereis > 显示文件存在的路径名。

(14) < file > 查询文件种类。

(15) < size > 查询文件大小。

(16) < cat > 显示文件内容。

(17) < tee > 输出到文件和屏幕。

(18) < head > 显示文件头部内容。

(19) < tail > 显示文件尾部内容。

(20) < tr > 替换文字。

4. 网络管理相关命令

(1) < netstat > 显示当前网络连接状况。

(2) < route > 显示/设置路由。

(3) < host > 显示网络主机情况。

(4) < hostname > 显示/设置当前主机的名字。

(5) < ping > 确认和远程机器的连接情况。

(6) < traceroute > 显示路由信息。

(7) < telnet > 用 telnet 登录到远程机器。

(8) < rcp > 在远程机器之间复制文件。

三、常用命令详解

1. ls

文件与目录的显示。

(1) ls – a:显示全部文件,连同隐藏文件(开头为".."的档案一起列出来)。

(2) ls – d:仅列出目录,不列出目录下文件。

(3) ls – l:列出文件的详细信息,包含文件属性及权限。

(4)ls-t:显示文件以时间排序。

(5)ls-S:显示文件以文件大小排序。

2. cp

复制文件或目录。

(1)cp file1 file2:将文件file1复制成文件file2。

(2)cp-f file1 file2:将文件file1复制成file2,因为目的文件已经存在,所以指定使用强制复制的模式。

(3)cp-R file1 file2:将目录dir1复制成目录dir2。

(4)cp-R file1 file2 file3 dir1 dir2:同时将文件file1、file2、file3与目录dir1复制到dir2。

(5)cp-u-v file1 file2:只有源文件较目的文件的修改时间新时,才复制文件。

3. rm

删除文件或目录。

(1)rm-f:强制删除,即使文件或目录不存在也不提示。

(2)rm-i:删除既有文件或目录之前先进行确认。

(3)rm-r:递归处理,将指定目录下的所有文件及子目录一并删除。

4. more

分页显示文件内容。

(1)空格键(Space):向下翻一页。

(2)回车键(Enter):向下翻一行。

(3)/字符串:在当前文件中,向下搜索匹配字符串的关键词。

(4)q:退出当前文件。

5. tar

压缩和解压缩文件。

(1)tar-c:创建新的档案文件,仅打包,不压缩。

(2)tar-x:从档案文件中释放文件,解包。

(3)tar-t:列出档案文件的内容。

(4)tar-z:以gzip形式压缩或解压缩,一般格式为xx.tar.gz或xx.Tgz。

(5)tar-j:以bzip2形式压缩或解压缩,一般格式为xx.tar.bz2。

(6)tar-v:显示压缩或解压缩的过程。

(7)tar-f filename:以filename命名新的档案文件。

6. find

查找文件。

(1)find-name filename:查找名为filename的文件。

(2)find-user username:查找属于username的文件。

(3)find-group groupname:查找属于groupname组的问题。

(4)find-mtime-n +n:按文件更改时间来查找文件,-n指n天以内,+n指n天以前。

(5)find-ctime-n +n:按文件创建时间来查找文件,-n指n天以内,+n指n天以前。

(6)find-type b/d/c/p/l/f:按文件类型查找文件,查找块设备、目录、字符设备、管道、符号链接、普通文件。

(7) find – size n[c]：查找长度为 n 块[或 n 字节]的文件。

7. ln

为某一个文件在另外一个位置建立一个同步的链接。

ln 命令会保持每一处链接文件的同步性，不论改动了哪一处，其他的文件都会发生相同的变化。ln 的链接又分软链接和硬链接两种：软链接就是只会在选定的位置上生成一个文件的镜像，不会占用磁盘空间；硬链接会在选定的位置上生成一个和源文件大小相同的文件。但无论是软链接还是硬链接，文件都保持同步变化。

(1) ln – f file1 file2：将 file1 链接到新的名称 file2。如果 file2 不存在,那么会创建该文件。如果 file2 已经存在了,那么这个文件会被替换为指向 file1 的一个链接。然后 file1 和 file2 会指向同一个文件。对其中任何一个的更改都会出现在另一个中。如果一个文件名被 rm 命令删除,那么该文件并没有完全被删除,因为它仍然以其他的名字存在。

(2) ln – s file1 file2：创建一个软链接。

8. netstat

显示与 IP、TCP、UDP 和 ICMP 协议相关的统计数据,一般用于检验本机各端口的网络连接情况。

(1) netstat – a：列出所有端口。

(2) netstat – nu：显示当前 UDP 连接状况。

(3) netstat – s：显示网络统计信息。

(4) netstat – n：显示所有已建立的有效连接。

(5) netstat – i：显示网卡列表。

(6) netstat – r：显示关于路由表的信息。

(7) netstat – at：列出所有 TCP 端口。

9. 关机与重启

(1) reboot：立即重启。

(2) shutdown – r now：立即重启。

(3) shutdown – r 10：10min 后自动重启。

(4) shutdown – r 20：35：在时间为 20：35 时候自动重启。

(5) halt：立即关机。

(6) poweroff：立即关机。

(7) shutdown – h now：立即关机。

(8) shutdown – h 10：10min 后自动关机。

(9) shutdown – h 20：35：在时间为 20：35 时候自动关机。

工作任务四　计算机及网络设备维护

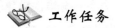
工作任务

(1) 了解系统备份与维护的方法。

(2) 理解计算机故障检测应该遵循的原则。
(3) 熟悉计算机故障检测的基本方法。
(4) 掌握网络故障的检测方法。

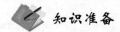 知识准备

一、系统备份与维护

1. 使用系统自带的维护工具

定期扫描磁盘与优化磁盘。扫描磁盘和整理碎片是最基本、最常用的磁盘维护操作。清理磁盘中无用的文件,除了删除安装的各种无用的文件外,使用 Windows 自带的磁盘清洁程序可以快速有效地清除硬盘各个路径下的无用文件。

2. 使用专门硬盘备份工具 Norton Ghost

Ghost 是 Symantec 公司出品的一款用于备份/恢复系统的软件。Norton Ghost 不仅有硬盘复制功能,还附带有硬盘分区、硬盘备份、系统安装、网络安装、升级系统等功能。除了在硬盘间进行数据的备份和恢复外,2002 以上版本可支持其他介质如 SCSI 磁带机、便携式设备(JAZ、ZIP、MO 等)、刻录机(CD-R、CD-RW)等。

二、计算机故障检测的原则与方法

1. 故障检测的原则

计算机产生故障的原因是多方面的,故障的表现也是各式各样。许多故障的反应或表现的现象相同,但产生故障的部件或原因却不同。如显示器黑屏的故障,有可能是显示器损坏,也可能是主机内的显卡或内存条坏,甚至是病毒所致。因此一旦出现故障,首先应根据故障现象分析可能产生的原因,判断其性质和故障可能发生的范围,排除故障时遵循先外后内、先软后硬、先断电后加电的原则逐一检查排除,不要急于盲目拆卸硬件,特别是对有关电源故障的处理,未仔细判断造成硬件损坏的原因之前不要随意接通电源。在计算机故障的检测中一般应该遵循以下原则:

(1) 先静后动

维修之前应保持冷静,考虑好维修方案后动手。比如一个明显的软件故障,则用不着把计算机拆开维修。

(2) 由表及里

故障检测时先从表面现象(如是否有机械磨损,接插件是否接触良好,有无松动等),以及外部部件(开关、引线、插头、插座等)开始,然后再检查内部部件。在内部检查时,也要按照由表及里的原则,即直观地检查有无灰尘影响、烧坏器件,以及插接器件的连接情况。

(3) 先电源后负载

计算机系统的电源对整机的影响最大,是比较常见的故障。检查时应该先从供电系统开始,再到稳压电源。检查电压的过压、欠压、干扰、不稳定、接触、熔断器等。若各部分电源电压都正常,再检查计算机系统本身,这时也应该先从计算机系统的直流稳压电源查起,检查各直流输出电压是否正常。确认供电正常后再检查以后的负载部分,即计算机系统的各部件和外

部设备。

(4)先外部设备再主机

在故障检测时,要先确定是主机问题还是外部设备问题,或者先脱离计算机系统的所用外部设备,除CPU、主板和显示卡外只保留显示器、键盘、硬盘或一个软驱,再进行检查确定。若为外部设备故障,则应该先排除外部设备故障,再检查主机故障。

(5)先公共性故障再局部故障

计算机系统的某些部件故障影响面大、涉及范围广,如BIOS不正常,则其他部件都不能正常工作,所以应该予以首先排除其故障,然后再排除局部性故障。

(6)先主要后次要

计算机系统不能正常工作,其故障往往有主要故障和次要故障,如系统硬盘不能引导和打印机不能打印。在这里,很显然硬盘不能正常工作是主要故障。一般影响计算机基本运行的故障属于主要故障,应该首先解决。

2. 故障检测的基本方法

(1)直接检查法

直接用感观的方法来查看部件的外部状态,比如是否有异味,查找异味所在的元件;用手触摸CPU、芯片组和硬盘温度,以判断温度是否过高。

开机时看主机系统操作的状况,由开机的基本状态来判断主机系统的故障,从主机外围设备逐渐向主机内部的扩展卡、主板、内存、CPU等逐个进行检查,其检查的步骤如下:

①开机,先听听主机喇叭是否有声音,有声音而无屏幕显示一般是外围设备的问题,如显示卡、显示器、内存、扩展卡等。开机后无声无影一般属于主板上的问题。

②查看电源显示器的指示灯是否亮以及指示灯的颜色、亮度是否被调至最小,显示器的信号线与主机的显示卡接头是否脱落或接触不良,接头内部信号针是否弯曲或折断。

③电源风扇是否转动,电源插头是否插好或无电源。

④主板的扩展卡是否插好,看有无接触不良或故障。只要是插在扩展槽上,扩展卡就是主板电路的一部分。

⑤主板上内存条在插槽中是否插好或有故障。

⑥主板上有插座的芯片是否接触不良,重新拔插。

⑦查看手册或对比现有主板与外围设备、跳线等设置是否正确。

⑧更换可活动的部件,测试现有的主板、扩展卡或外围设备,观察其运行状态,看是否有故障或接触不良,或者是否主板与外围设备接口特性不匹配。

⑨主板背面的电路与机箱是否短路。拆下主板并置于绝缘机箱上,在不同的环境下开机重试。

(2)拔插法

主机系统产生故障的原因很多,主板自身故障或I/O总线上的各种插卡故障均可导致系统运行不正常。拔插法是确定故障在主板还是I/O设备的简捷方法。该方法就是关机将插件板卡逐块拔出,每拔出一块板卡都开机观察机器运行状态,一旦拔出某块后主板运行正常,那么故障原因就是该插件板故障或相应I/O总线插槽及负载电路故障。若拔出所有插件板后系统启动仍不正常,则故障很可能就在主板上。另外拔插法还可以确定由芯片、板卡与插槽接触不良造成的故障。

(3) 替换法

当故障的疑点集中到某个芯片、板卡或设备时,可以使用同型号、总线方式一致的插件互换,根据故障现象的变化情况判断故障所在。此方法多用于易拔插的维修环境,例如内存自检出错,可交换相同的内存芯片或内存条来判断故障部位。无故障芯片之间进行交换,故障现象依旧,若交换后故障现象变化,则说明交换的芯片中有一块是坏的,可进一步通过逐块交换而确定故障部位。

(4) 软件诊断法

利用诊断程序、专用维修诊断卡来辅助硬件维修也是行之有效的方法。用软件发送数据、命令,通过读线路状态及某个芯片(如寄存器)状态来识别故障部位。此方法往往用于检查各种接口电路故障件、能够运行安装于I/O总线插槽上的诊断卡等。

(5) 最小系统法

保留系统能运行的最小环境,然后逐一加入其他设备,用以查找故障部件。在逐步扩大系统配置的过程中,若发现在加入某一设备后系统出现不正常状况,则说明该设备有问题。

(6) 降温法

目前的计算机芯片由于其集成度很高,发热量也很大,在温度过高的情况下,可能会导致工作不正常,也可能使板卡受热变形,导致接触不良。这种故障表现在有时计算机工作较长时间或环境温度升高后会出现故障,重新开机后又能正常工作,但一段时间后又出现故障。具体方法为在开机一段时间后,在一些发热量较大的芯片上(如显卡芯片、内存芯片)搽一点儿无水酒精,之后观察效果。

(7) 仪表检查

用仪器如万用表、示波器、逻辑笔、测试卡来测试主板和扩展卡的硬件故障。

① 利用万用表检查。

一般用万用表来测量市电电压是否正常、主板的电路是否短路和断路、电源是否短路、各种信号线是否断路和短路、电容内部是否短路等。

② 利用示波器检查。

示波器是测试主板的主要仪器,因为示波器除了能测试静态的信号外,还能测试瞬间的动态信号,而且可立即判断整个主机系统的基本状态是否正常。在诊断时可选择100～200Hz的示波器。

三、网络故障的检测方法

1. 简单的网络设备故障处理流程

(1) 认清症状。

(2) 验证用户权限。例如,确保用户正确键入口令。

(3) 限定问题的范围。它是全局性的或者问题只发生在网络上某一区域、某一特定的工作组还是某一特定的时间段。换句话说,该问题是属于地区性的、工作组性的还是时间相关的。

(4) 重现故障,并且要保证能够可靠地重新产生这个错误。

(5)验证网络物理连接(例如网络连接、网卡的插槽、供电电源)的完整性。从受到影响的节点开始,向主干网延伸。

(6)验证网络的软件连接问题(例如地址、协议绑定、软件安装等)。

(7)考虑最近的网络变更和可能因此导致的网络问题。

2. 验证物理连接

物理连接包括:从服务器或工作站到数据接口的电缆线,从数据接口到信息插座模块,从信息插座模块到信息插头模块,从信息插头模块到集线器或交换机的各条连接。它可能包括设备的正确物理安装(例如:网卡、集线器、路由器、服务器和交换机)。以下是物理连接故障的检查确认顺序:

(1)确认设备是否打开。

(2)确认网络接口卡是否被正确安装。

(3)确认设备的电缆线连在网络接口卡上或墙上的插座正确(不松动)。

(4)确认网络接头是否正确地连接信息插座模块和信息插头模块,以及信息插头模块和集线器或交换机。

(5)确认集线器、路由器、或者交换机是否正确地连接到主干网。

(6)确认所有的电线缆是否都处在良好的状态(无老化和损坏)。

(7)确认所有的接头(例如 RJ-45)都处在完好状态且正确安装。

(8)确认所有工作组的距离是否都符合 IEEE 802 规范。

例如,一个用户的工作站不能登录网络,就要验证用户键入的口令是否正确,从工作站的网卡和接头电缆开始检查物理连接。跟踪从工作站到用户不能到达的服务器的所有路径。

3. 验证逻辑连接

当检验过物理连接后,还必须检查软件、硬件的配置、设置、安装和权限。依靠症状的类型,需要查看联网设备、网络操作系统、硬件配置。例如,NIC(网卡)中断类型设置。所有这些都属于逻辑连接。可按以下顺序确认逻辑连接错误:

(1)确认报错信息是否表明发现损坏的或找不到的文件、设备驱动程序。

(2)确认报错信息是否表明是资源(例如内存)不正常或不足。

(3)确认最近操作系统、配置、设备是否改动、添加或删除过。

(4)确认故障只出现在一个设备上还是多个相似的设备上。

(5)确认故障是否经常出现。

(6)确认故障只影响一台工作站还是一个工作组。

4. 常见错误类型

(1)本地冲突(Local Collisions)

冲突发生在当两个或更多的工作站同时传输的时候,网络上特别高的冲突率经常来自网线或路由问题。

(2)超时冲突(Late Collisions)

冲突发生在它们能够被检测到的时间之外,超时冲突经常由以下两种原因造成:

①正在工作的已损坏的工作站(如网卡)在没有检测线路状态的情况下发送数据。

②没有遵循配置指导上的电缆线长度限制,所以导致冲突发现得太晚。

(3)碎包(Runts)

碎包比介质允许的最小包还小,例如,将小于64Byte的以太网包被认为是碎包。

(4)巨包(Giants)

巨包比介质允许的最大值还大,例如,将以太网大于1518Byte的包被认为是巨包。

(5)CRC校验出错(Negative Frame Sequence Checks)

CRC校验出错是指因为通过接收到的数据运算得到的校验值与发送端产生的校验值不符产生的错误。它经常表明在局域网连接或网线上的噪声或传输问题。大量的CRC校验错经常是由过量的冲突和工作站传输坏的数据包造成的。

(6)假帧(Ghosts)

假帧是指并不是真实数据帧,是源于线路上中继器的电压波动。和真正的数据帧不同,假帧没有开始的标志。

思考与练习

1. 网络基础设备主要有哪些?各有什么作用?
2. 网络传输介质分哪几种?各有何优缺点?
3. 简述计算机硬件接口的种类和各自的用途。
4. VGA与DVI接口的主要区别是什么?
5. 直通线和交叉线的用途分别是什么?如何区分?
6. 简述主要的计算机操作系统种类及各自的特点。
7. 说明操作系统的主要功能和特性。
8. 说明维护常用命令ls、cp、tar的用法。
9. 在计算机故障的检测中一般应该遵循哪些原则?
10. 计算机故障检测的基本方法有哪些?
11. 简述网络故障的处理流程。

项目二 中心信号设备

项目描述

中心信号设备主要指列车自动监控系统(ATS)子系统设备,本项目主要了解中心信号设备的组成、功能及各主要功能的内容组成;学习中心信号设备维护总则、维护的安全注意事项及危险点控制措施;故障查找的原则和方法、故障处理流程及严禁和注意事项。

教学目标

(1)了解中心信号设备系统配置的基本要求。
(2)熟悉控制中心系统设备构成。
(3)掌握控制中心 ATS 子系统主要设备构成。
(4)了解对中心 ATS 子系统的功能要求。
(5)熟悉中心 ATS 子系统的主要功能。
(6)掌握中心 ATS 子系统各主要功能的内容组成。
(7)了解中心信号设备的维护方式和可维护性设计。
(8)理解中心信号设备维护总则。
(9)掌握中心信号设备维护的安全注意事项及危险点控制措施。
(10)了解对信号维护人员的要求。
(11)理解故障查找的原则和方法。
(12)掌握故障处理流程。
(13)理解故障处理的严禁事项。
(14)熟悉信号故障处理注意事项。

工作任务一 中心信号设备构成

工作任务

(1)了解中心信号设备系统配置的基本要求。
(2)熟悉控制中心系统设备构成。
(3)掌握控制中心列车自动监控系统(ATS)子系统主要设备构成。

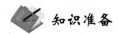 **知识准备**

一、中心信号设备系统构成要求

(1)中心信号设备应采用冗余的网络结构方式,列车自动监控系统(ATS)子系统的双通道应采用热备冗余的工作方式,主通道故障时自动无扰切换至备用通道传输数据信息,主备通道的切换应保证数据传输的连续性和系统正确的监控功能。

知识链接

列车自动监控系统是城市轨道交通信号系统的一个重要组成部分,英文名称为 Automatic Train Supervision System,简称 ATS 系统。ATS 系统利用可靠的网络结构,与列车自动防护系统(ATP)和列车自动驾驶系统(ATO)一起完成对全线列车运营的管理和监控。ATS 系统的功能主要包括监督和控制两部分。监督功能,即 ATS 系统将列车运营的状态和信息,通过控制中心或车站的调度终端实时显示出来,调度员可以通过这些终端屏幕,实时了解和掌握列车的实际运行情况,以便及时对行车作业进行分析和调整,保证全线运营安全高效有序。控制功能,即 ATS 向 ATP 和 ATO 系统发出指令办理进路,指挥列车按照列车运行图来运行。ATS 可以绘制列车实迹运行图,并动态地对偏离运行图的列车进行调整。

中心信号热备冗余配置的基本要求:
①局域网采用双网热备冗余结构。
②服务器采用双机热备冗余结构。
③存储设备采用冗余结构。
④机柜内直流电源采用双套冗余,自动切换。
⑤各调度工作站互为备用。
⑥调度工作站的两显示器输出控制相对独立,一个显示器故障,可由另一台显示器完成全部的显示及控制功能。
⑦控制中心至车站的通信通道采用双通道热备冗余方式。
⑧双机切换单元采用双套冗余,自动切换。
⑨热备冗余方式的主机故障时,主备切换应确保连续的显示及控制功能。

(2)中心信号设备配置的硬件应达到工业级使用标准,硬件容量应满足全线信号系统工程的容量需求,并留有适当的余量。

(3)中心信号设备所采用的软件平台均为设备交货时主流的计算机网络控制操作系统。

(4)中心信号设备的数据传输协议应符合 ISO 规定的网络通信协议和 IEEE、ITU 规定的数据传输标准。

二、系统设备组成

列车自动监控系统(Automatic Train Supervision System,ATS 系统)的主要设备组成包括:主服务器、数据服务器、通信服务器、调度工作站、大屏工作站、运行图编辑工作站、系统管理维护工作站、培训/模拟系统、网络设备,以及用于报表输出和系统运行状态信息输出的打印设备等。设备分设于控制大厅、信号设备室、信号电源室(可能与信号设备室合用)、时刻表编辑室、培训室中。

(1)信号设备室的设备配置(涉及行车运营的关键服务器、存储设备及工作站应按热备冗余配置,并实现无扰切换)。

①冗余的中央 ATS 各类服务器、存储设备及工作站。

②冗余的网络交换机、路由器等网络传输设备。

③系统接口工作站及相关接口设备。

④系统维护工作站。

⑤防雷设备等。

(2)控制大厅一般设置 3~4 台行车调度员工作站。其中 1 台行车调度工作站设于总调度台,另外 2 或 3 台设于行车调度员工作台。调度员工作站在硬件和软件上应具有相同的结构,控制功能互为备用,且控制功能可根据需要进行灵活划分或屏蔽,每个工作站上均设两台高分辨率液晶显示屏,显示行车详细信息及列车计划和实际运行图。

(3)ATS 大屏工作站。能够可靠地与中央大屏接口,实现在大屏上的文字、图表、图像的显示功能,满足线路、站场、车次号等实时显示要求。在中央大屏上所显示画面的布置应符合线路的实际位置及方向。同时,显示内容应可修改,在线路变更或延伸时具有可扩展性。

(4)打印设备。

①一台 A3 纸幅面的彩色绘图仪,用于运行图连续打印。

②一台 A3 纸幅面的彩色激光网络打印机,用于数据报表打印。

③一台 A3 纸幅面的网络打印机,用于故障事件及报警打印。

(5)智能电源系统,包括 UPS、蓄电池、电源屏。

(6)时刻表/运行图编辑工作站。

(7)培训模拟服务器、教员工作站 1 台、学员培训工作站若干台、A3 激光打印机及相关网络设备等。

工作任务二　中心信号设备功能

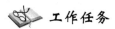

(1)了解对中心 ATS 子系统的功能要求。

(2)熟悉中心 ATS 子系统的主要功能。

(3)掌握中心 ATS 子系统各主要功能的内容组成。

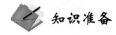

一、系统功能要求

(1)ATS 子系统设备应保证行车调度能随时监督、控制全线车站的接发车进路,并可根据需要,局部或全部下放或收回对车站的控制权。

(2)当 ATS 子系统中央及中央备用设备正常,且 ATS 子系统与其他子系统接口正常时,系统应实现全线列车运行的中央集中自动监控功能。

(3)ATS 子系统设备应能实时地向行车调度和其他行车人员提供全线车站、道岔、信号机、电源设备的状态、列车运行情况的表示信息。

(4)根据需要可进行车站与中央 ATS 两级控制权的转换。控制权的转换过程中及转换后,未经人工介入各进路的原自动控制模式不变。在特殊情况下,可不经控制权的转换操作强制进入车站级控制;在车站级控制情况下,控制中心不能强制收回控制权。

(5)列车进路的控制包括自动控制和人工控制,列车进路的正常控制模式为系统自动控制,但人工控制的进路优先级高于自动控制的进路。

①列车进路的自动控制模式包括中央自动控制模式和车站自动控制模式,其中车站自动控制模式又分为车站 ATS 自动控制模式和车站联锁自动进路模式。

②列车进路的人工控制模式包括中心调度员人工控制模式和车站值班员人工控制模式。

(6)中央调度员工作站、大屏工作站上所显示的图形符号应与车站 ATS 工作站上所表示的含义相符。

(7)控制中心调度员工作站及大屏的显示应保证调度人员能清晰分辨图文信息,对于线路及设备表示状态可通过不同的图形符号或颜色进行区分,从而增强视觉。调度员工作站的画面可根据需要进行调整、切换、缩放等操作。

(8)调度员工作站和大屏的显示应能够区分连续通信级别和点式通信级别下的运行状态,包括信号机状态、进路状态、轨道列车占用状态和列车追踪移动状态;连续通信运行级别下,列车移动显示分辨率和刷新速率状态应与真实的移动状态相匹配。

(9)ATS 子系统故障时,不能导致车站联锁设备错误动作;当设备集中站 ATS 子系统设备故障时,不得影响其他子系统的工作可靠性。

(10)ATS 子系统设备必须连续稳定工作,及时反映被监测设备的故障及运用状态,监测信息应具有实时性和可靠性。当信号设备故障时,应及时发出报警。

(11)热备设备切换时间须不影响设备工作的连续性,应做到无扰切换,并不得干扰正常行车。

(12)ATS 子系统负责向信号系统提供统一的时钟,包括但不限于 ATP 子系统、ATO 子系统、联锁子系统、维修支持系统等。

二、系统功能内容组成

1. 行车信息显示

中心调度员工作站应详细显示车站、区间、车辆段、停车场的信号设备状态及列车运行状态。显示的主要内容包括:

(1)全线线路、车站、车辆段、停车场的线路布局。

(2)目的地码位置、信号元素状态及编号,其中编号可调显。

(3)列车位置。

(4)列车图标。

(5)列车识别号。

(6)列车门、站台门的状态。
(7)列车状态(驾驶模式及车地通信状态)。
(8)站间自动闭塞表示。
(9)跳停、提前发车和扣车表示。
(10)转换轨列车信息显示。
(11)车站、段/场列车发车晚点信息。
(12)运行早晚点信息。
(13)控制权状态显示。
(14)接触轨供电分区停/带电状态。
(15)信号机状态。
(16)列车进路状态。
(17)故障报警信息、操作日志。
(18)与其他线联络线信号元素信息。
(19)列车计划运行图/实际运行图。
(20)菜单及命令操作窗口。

2. 列车追踪及进路控制

(1)列车追踪

ATS子系统通过列车识别号、列车图标的移动和有关信号设备的状态变化来实现对在线列车的位置追踪。列车从车辆段或停车场发车进入"转换轨"时开始,系统对该列车进行追踪,直至列车回到车辆段或停车场后结束。在站场内,仍然可以通过车组号的进行连续追踪。由于运营组织的需要,组织临时交路行车,对于临时列车交路上运行的列车同样具备自动追踪的能力。

列车识别号由车组号、服务号、序列号、司机号、目的地号及线路号等组成。

①车组号:为某一特定列车编组的编号,由车辆段/停车场的工作人员在派车计划中输入。

②服务号:以列车出段顺序编号,在一天的服务中保持不变,也可人工对特殊列车服务号进行修改。

③序列号:按列车运行顺序及方向顺序编制,随着列车的折返和上下行的变化而变化(下行方向编为奇数,上行方向编为偶数)。

④司机号:与乘务人员有关。

⑤目的地号:为列车运行目的地的编号。

⑥线路号。

列车服务号和序列号根据当天计划运行图/时刻表自动生成,并通过车地通信系统实时进行校核。列车识别号随着列车的运行,自动追踪踪,并可由调度员人工修改,包括设定、删除、移位、变更。在列车识别号因故丢失情况下,系统应能根据运行图、列车位置及时间自动推算并自动重新生成列车识别号。

列车识别号随着列车的运行在调度员工作站及大屏人机界面上同步移动,同时在计划运行图和实际运行图上显示。当列车到达终端站(即折返站)或环形线路用户指定的终点站,折返作业完成后,列车追踪系统按照实施运行图自动匹配新的列车识别号。

（2）进路控制

ATS 子系统的自动进路控制和列车自动调整功能是相互结合的，ATS 子系统对列车进路的控制包括自动控制和人工控制，其中自动控制又分为 ATS 中央自动控制和 ATS 车站自动控制。正常情况下，系统自动设置列车进路，命令发送到车站联锁设备和轨旁 ATC 设备，指挥在线列车运行，进路的设置依照：

①列车运行图/时刻表。

②在线列车运行信息。

③联锁表联锁关系。

中心调度员和车站值班员可通过 ATS 工作站对列车进路进行人工控制。中心调度员对进路的人工控制通过菜单方式实施。主要控制内容包括：

①变更计划运行图/时刻表。

②设置和取消进路。

③实时发出控制进路指令。

④将部分和全部信号机设置成自动进路模式状态。

⑤设置扣车、提前发车、跳停指令。

⑥控制权转换。

⑦设置临时限速指令（通过输入设置区段临时限速的起止里程进行设置）。

列车进路控制权的优先级原则为本地控制优先于中央控制，人工控制优先于自动控制，优先级顺序为：

①车站值班员。

②中央调度员。

③自动进路控制。

3. 运行图/时刻表编辑及管理

基本运行图/时刻表的编辑和管理在运行图/时刻表编辑工作站上完成。运行图/时刻表编辑工作站是一台离线设备，其功能是辅助运营计划编制人员完成对列车基本运行图的编制，使装备了 ATC 系统的列车能够有计划地投入运营。基本运行图/时刻表包含以下主要信息：

①列车识别号。

②区间运行时。

③车站到发时分。

④站停时分。

⑤列车运行路径。

⑥列车折返信息。

⑦区间和车站数据等。

（1）可根据不同时间条件分别编制基本运行图/时刻表，例如工作日、节假日、不同季节、每天不同运营时段、临时事件等。

（2）可根据不同运营情况编制基本运行图/时刻表，例如从正线存车线出车开始运营、列车自正线任意车站开始沿途车站均跳停直接回段、大小交路套跑等运营情况。同时时刻表须支持跨天编制。

(3)运行图/时刻表编制人员以实际客流信息和客流统计报告作为编制列车运行图和时刻表的主要依据。编图人员输入基本运行图的基本数据,包括各区间运行时间、车站停站时间、运行间隔、起始站和终到站、不同运行间隔的时间段、上线列车数、列车折返要求等,系统在计算机辅助下自动完成列车基本运行图/时刻表的编制,同时编图人员也能在这一过程中进行有效的人工修改。

(4)根据运营需求,可结合线路布置先编制好某一局部区段的基本运行图,计算机能自动合成为全线的基本运行图。运行图编制过程中,系统能自动进行冲突检查,并给出明确的提示,提供优化建议,通过调整运行数据或调整计划图形的方式解决冲突。基本运行图/时刻表编制完毕后,可在运行图/时刻表编辑工作站上进行列车运行的模拟和仿真(速度可在不大于10倍速度的范围内调整),以检测基本运行图/时刻表编制的可行性和合理性。

(5)基本运行图/时刻表编制完成后,按不同的运行图种类存入数据库,行车调度员可根据运营需求随时调用。数据库内可存储不少于256种基本运行图。基本运行图数据必须确保安全存储,并易于长期保存。

(6)运行图格式。

①在列车运行图上有横线、竖线和斜线三种线条。采用以横坐标表示时间、纵坐标表示距离图解列车运行状态。

②横线代表车站的中心线,设备集中站以粗线条表示,其余车站则以细线条表示。

③竖线将横轴按一定的时间单位进行等分,代表一昼夜的小时和分秒,通常分钟线可以细线条表示,五分钟线可以细虚线条表示,小时线则以粗线条表示。

④全部小时线上需标示车站站名。

⑤斜线是列车运行的轨迹,代表列车运行线。列车运行线与车站中心线的交点就是列车在车站的到达、出发或通过时刻。在列车运行图上,下行列车的运行线由左上方向右下方倾斜,上行列车的运行线由左下方向右上方倾斜。

(7)列车表号及车次。

①表号的使用以第一次出段时间的先后顺序进行顺序排列。

②早晚高峰列车回段再次出段时,则以回段时间的先后顺序出段。当停车列检库一条库线仅存一组车,以回段时间的先后顺序,采用先进先出的方式安排出段。当停车列检库一条库线存两组车时,则每两组回段(车辆段停车库线每股道停放两列车)列车采用后进先出的方式安排出段。

③列车表号及车次采用6位数表示:第1、2位是表号;第3位是列车开行方向("1"为下行,"2"为上行);第4位表示列车性质("0~4"表示客运列车;"6"表示调试列车;"8"表示回空列车);第5、6位表示列车运行顺序号。

(8)运行图线型及颜色。

①运营列车:线型为实线;颜色,出入段线为黑色,运行线上行为红色,下行为绿色。

②调试线车及回段空车:线型为实线;颜色为蓝色。

4. 列车调整

列车的运行调整,分为系统自动调整和人工调整。

(1)自动调整

①列车实际运行图与计划运行图如果偏差较小(偏差值可通过系统参数进行设定),ATS系统可自动调整列车运行,使列车重新达到正点状态。

②列车的实际运行图与计划运行图间如果偏差较大,超出系统自动调整允许的偏差范围,系统发出报警,同时以起始站或终到站为基点对所有列车自动按照系统默认的等间隔运行时间,生成调整计划,对全线列车运行进行调整。

列车运行自动调整的手段包括:

①调整列车区间运行时间,以秒级的精度实现列车区间运行时间的连续调整。

②调整列车停站时间。

③等间隔运行调整。

(2)人工调整

如果列车产生较大延误,超出系统自动调整允许的偏差范围,或运营组织需要增加或减少上线列车数量,可以由行车调度人工介入,对列车运行进行人工调整。

人工调整的主要手段包括:

①跳停。可人工指定正线所有列车跳停某一特定站台或某一列车或几列车跳停某一站台。

②扣车/取消扣车。可人工将某一特定列车扣停在站台,不允许其发车,以增加停站时间;也可将全线所有列车扣停,然后逐一放行。

③调整运行等级。可人工设置某一特定列车的运行等级,调整列车运行速度,从而调整列车在区间的运行时间以及站停时间。

④改变列车的始发站、终到站及始发时间,调整列车的出、入段时间。

⑤对正在实施的运行图进行在线修改,采取增/减列车线、平移列车线等措施。

5. 运营记录与统计报表

(1)ATS 子系统提供运营事件记录功能,包括行车调度和车站值班员的所有操作指令、列车运行状况和设备工作状态等,保存为标准的文件格式,并支持文件保存到指定的存储设备、支持打印设备。

(2)系统数据库可保存最近 12 个月的记录,且所有的事件记录不能被人为修改。事件记录一般包括以下内容:

①停运列车数。

②加开列车数(临客、调试、回空、救援)。

③开行列数合计。

④列车在各站到发时刻及偏离。

⑤列车早晚点。

⑥列车退出运营。

⑦列车走行公里数。

⑧每日每旅程的误点班次。

⑨列车运行正点率。

⑩始发正点率。

⑪到达正点率。

⑫通过率。

⑬旅行速度。

⑭技术速度。

⑮存车/备车。

⑯列车整备状态。

⑰时刻表及其兑现率。

⑱进路控制。

⑲车辆设备状态。

⑳临时限速。

㉑信号设备及车辆修程。

㉒基础信号设备的状态。

㉓车载设备状态。

㉔系统性能和趋势的监督报告。

㉕司机出乘。

6.监视和故障报警

(1)中心的 ATS 设备可通过车站 ATS 设备和轨旁 ATC 设备以及车载 ATC 设备获取轨道区段、道岔、信号机等室外设备状态、在线列车运行状态、操作命令执行情况、轨旁和车载设备状态以及信号设备故障信息等。一旦列车或运行或信号设备发生异常,将在中央调度员工作站以及大屏和车站 ATS 工作站上显示故障报警信息。报警信息可实时打印输出,并可以灵活保存为文本文件输出。

(2)报警信息对故障现象或异常现象的描述必须清楚、易于理解,故障点准确,才能对故障处理具有指导意义。

(3)系统报警按照严重程度,可分为 4 个级别。

①A 类:直接对列车运行及信号设备产生危害,或影响系统性能,导致降级运行的情况。

②B 类:将对列车运行及设备发生影响,不影响系统性能。

③C 类:一般报警信息。

④D 类:事件信息,仅作为提示。

对于优先级最高的 A 类报警,除了在工作站上弹出报警信息,还会伴有声光报警,并且要求调度员对报警信息进行确认,否则将无法进行其他操作。报警信息应根据其严重性以及确认或处理的状态显示为不同的颜色。

(4)报警信息显示内容。

①报警时间:年/月/日/时/分/秒。

②报警名称。

③报警内容。

④报警类型。

⑤报警地点。

⑥报警确认时间。

工作任务三　中心信号设备的维护

工作任务

(1) 了解中心信号设备的维护方式和可维护性设计。
(2) 理解中心信号设备维护总则。
(3) 掌握中心信号设备维护的安全注意事项及危险点控制措施。

知识准备

一、维护方式和可维护性设计

1. 设备维护方式

(1) ATS中心设备的维修有预防性维修(计划修)和故障修两种方式,通常的做法是根据维修规程按计划开展设备检修,但对于部分性能稳定、故障率低、故障产生的影响很小的设备,可以考虑实施故障修或状态修。

(2) 对于电源系统等设备的维护,可以采用委外维护的方式;对于故障件的维修,可以采取返厂维修或委外维修的方式;对技术要求不高、维护难度低、委外维护成本较高的设备,通常采用自行维护的方式。

2. 设备的可维护性设计

在设计联络、工厂监造及施工安装阶段,维护人员应该针对设备的可维护性方面提出要求。

(1) 设备应具备自诊断能力。即可通过设备的指示灯提示故障的发生以及准确的故障点,也可通过计算机标准接口如串口、网口连接设备,查看和下载详细故障信息。

(2) 设备应具备自我保护能力。如果设备外部或内部发生异常变化,不利于设备运行,例如外电压异常等,设备的自我保护功能可最大限度地降低设备损坏程度。

(3) 设备模块化设计,使得安装拆卸方便。这一设计可以方便对故障点的排查和对故障件的更换。

(4) 施工安装阶段应要求配线整齐、成束,预留线缆应盘好、固定;连线间的结点尽可能少;线缆弯曲半径不能过大;线缆标示清楚,要易于分辨和查找,标示、铭牌等要不易损坏,字迹不易被污染。

(5) 要求厂家提供详尽的资料和技术参数,专用设备还应提供维护工具;设备图纸应与现场情况一致,图纸要有目录,分类要明确,易于查看。

二、中心信号设备维护总则

(1) 为满足地铁信号安全、可靠、便捷的要求,需指定设备检修规程,并按照规程开展设备维护和检修。

(2) 设备检修规程是地铁信号设备维护的基本规章,是地铁信号设备维护应满足的技术标准,是维护和评定地铁信号设备质量的依据。

(3)维修人员应依据设备检修规程的规定,结合维修项目和现场的具体情况开展检修作业。

(4)在维修过程中,要结合维修实践,认真总结经验,注意积累资料,供今后检修规程修订时参考。

(5)应定期组织对设备检修规程的学习和考试,考试合格后方准上岗操作。

(6)研制和推广新技术、新设备、新工艺、新材料的部门,必须提供安全技术资料,制订相应的安全技术措施,经批准后方可执行。

(7)未经特殊工种安全技术培训并且通过考试的维修人员,不得从事强电、各种机车驾驶和气焊等作业。

(8)在维修过程中,不能使用不良器材。

(9)所有设备长周期的检修内容包含短周期的内容,在工艺标准中不具体体现。

三、安全注意事项及危险点控制措施

(1)防止将尘土带入机房。

进入机房应穿戴鞋套或更换洁净的防静电拖鞋。

(2)防止设备内部清洁工作污染机房环境。

进行设备内部清洁工作时,应将主机从机柜中拆卸下来,带至设备房外合适的地点,防止清洁工作中产生的灰尘污染机房环境。

(3)防止细小零配件散落于主机内部,造成工作板卡短路。

关闭主机盖前,仔细检查,确认无散落小物件后方可加盖、插线、上电。

(4)防止接打电话谈论与检修无关内容,以致忽略检修过程中的异常现象,导致故障或不良影响。

工作任务四 中心信号设备故障处理

工作任务

(1)了解对信号维护人员的要求。
(2)理解故障查找的原则和方法。
(3)掌握故障处理流程。
(4)理解故障处理的严禁事项。
(5)熟悉信号故障处理注意事项。

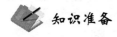
知识准备

一、对维护人员的要求

1. 业务素质要求

(1)熟识管内所有设备的所有分布情况。

(2)熟识管内所有设备的工作原理。

(3)熟识设备图纸。

(4)熟识处理方法。

2. 个人素质要求

(1)具有一定的处理与分析故障的经验。

(2)具备良好的思维判断分析能力。

(3)良好的心理素质,处理故障时稳扎稳打、不慌不躁。

二、故障查找的原则和方法

1. 原则

(1)查找方法要正确,判断要正确。

(2)查找故障的实践经验要与理论指导相结合。

(3)区别故障是室内还是室外。

(4)查找电气设备故障应以仪表使用为主。

(5)查找机械故障要以观察为主。

(6)查找软件故障应以专用诊断软件应用及原理分析为主。

2. 方法

一般的故障处理判断方法有:逻辑推理法、优越法、比较法、断线法、校核法、实验分析法、观察检查法、调查研究法、逐项排除法、仪表测试法等。

三、故障处理流程

1. 了解故障概况和应急处理

首先了解故障概况,了解列车运行情况和是否已经构成事故。一般接收故障的为部门的值班人员,是故障接收的第一环节,因此对故障的描述要力求准确。必要时根据应急预案安排应急处理,及时通知值班信号人员尽快赶往现场处理。

2. 登记

信号人员到达现场后(车控室等)办理登记手续,必要时停用相关设备。

3. 询问

向有关人员详细了解故障发生时的设备状态,采用的方法是口问、耳听、眼看,但是不能动手。要针对关键问题提出询问,将第一手资料了解清楚。一旦发生与信号有关的重大事故时,切记不要擅自启门开箱、动设备,同时要派人监视并保护事故现场,迅速报告上级。

4. 核实故障情况

根据已经掌握的资料,要亲自动手试验,以核实故障情况。

5. 分析、判断

对了解、询问、试验所获得的第一手资料,进行综合分析,对故障原因和范围作出符合客观实际的大致判断。是电气还是机械、是断线还是混线、故障在室内还是在室外,这一步是处理故障的关键。分析、判断的正确与否,对排除故障的快慢影响极大,因此,必须力求准确。

在对故障未进行了解、寻问、试验、分析、判断以前,决不可盲目东奔西跑,乱动设备。

定时汇报故障处理情况,判断能否处理,必要时提出支援要求。

6. 查找

根据判断出的大致范围,运用各种不同的处理方法,迅速查找出故障的真正原因。要求做到:

(1)动作迅速、准确,尽量使故障自动恢复。

(2)区别故障是在室内还是在室外,必须十分慎重。因为室内或室外一般相距数百米。如果判断失误,徒劳往返,不但劳而无功,更主要的是延误了时机。

(3)查找方法要正确。对复杂的故障要用多种方法查找,把真正的原因找到。

(4)对原因不明自动恢复的故障,要对发生故障的可能性进行彻底检查。不但要检查静态时的性能,更要检查动态时的性能。要求有根据,不轻易下结论。经过检查,信号设备没有问题,则要考虑外界的影响。有些故障也可能是两个或多个因素同时产生造成的。在未查出原因以前,信号人员不要擅自离开现场。

(5)定时汇报故障处理情况,判断能否处理,必要时提出支援要求。

7. 处理

处理方法应得当,严禁采用非法手段办理闭塞、转换道岔、开放信号,严禁代替行车人员办理闭塞、转换道岔、开放信号,决不能因小失大,为避免发生一般行车事故而违章作业,造成人为重大事故。

对涉及非信号专业影像的故障,如找到原因,要及时与相关专业联系而不要自行处理。为了减少对行车的影响,急于修复时,可在其委托下,会同车站值班员或有关人员一起处理,并做好登记,信号和车站双方共同签认。

处理时要保存好故障实物,如熔断器、灯泡、线头、线圈、引接线、导接线、电阻、电容和晶体管元件等,并保持故障实物原状,以便分析故障。

8. 复查试验

故障排除后,使设备恢复正常状态,对涉及故障的有关设备,经复查试验确认良好后,才能交付使用,决不能未经试验盲目同意车站使用。

9. 销记汇报

销记是要填写故障修复时间和故障原因,由信号和车站双方签字,要及时将故障发生情况和处理结果如实向上级报告,并记录号信号故障情况。

10. 总结、吸取教训

根据"四不放过"的要求及时进行分析,吸取经验教训,制订防范措施。

四、故障处理严禁事项

(1)甩开联锁条件,借用电源动作设备(试验信号机灯泡除外,但试验前必须确认无列车接近)。

(2)倒置、歪放重力式继电器。

(3)封连各种信号设备电气接点。

(4)在轨道电路上拉临时线构通电路造成死区间,或盲目用提高轨道电路送电端电压的方法处理故障。

(5)色灯信号机灯光灭灯时,用其他光源代替。

(6)人为地构通道岔假表示,进行更换转辙、转换设备。

(7)未登记要点使用手摇把转换道岔。

(8)代替行车人员按压按钮或操作、扳动或转换道岔、检查或排列进路、办理闭塞、开放信号(包括手信号)或开行列车。

(9)擅自改变定位设备的安装位置。

五、信号故障处理注意事项

(1)信号设备发生故障后,决不能因小失大,使故障升级。

信号设备发生故障后,决不能因小失大,使故障升级,为避免发生一般事故而违章作业导致造成重大事故。首先,加强与接口部门的合作,采取有效措施,如改道接车等,使故障不影响行车。其次,在不违章的情况下,可采取紧急措施不让故障导致发生事故,如道岔失表后,可以手摇道岔,转到位后加钩锁,再办理进路。最后,绝对禁止封连接点、拍打有极继电器、构通死区间等违章作业。

(2)信号设备发生事故障碍时积极组织修复。

遇一般故障,尚未影响设备使用时,信号维修人员应在联系、登记后,会同车站值班员进行试验,判明情况,查找修复。如试验中发现设备严重缺陷,危及运营安全,一时无法排除,应通知车站值班员并登记停用设备;遇已影响设备使用的故障,信号维修人员应首先登记停用设备,然后积极查找原因,排除故障,尽快恢复使用,如不能判明原因,应立即上报,听从上级指示处理。

(3)当发生与信号设备有关联的机车车辆脱轨、冲突、颠覆事故时,信号维修人员不得擅自触动设备,同时派人监视、保护事故现场,并立即报告生产调度。发生影响行车的设备故障时,信号维修人员应将接发列车进路排列状况,登记在"行车设备检查登记簿"内,作为原始记录备查。

思考与练习

1. 简述控制中心系统设备构成。
2. 中心信号设备具有哪些主要功能?
3. 中心的ATS设备系统报警按照严重程度可分为哪几个级别?
4. 简述中心信号设备维护总则。
5. 中心信号设备维护有哪些安全注意事项及危险点控制措施?
6. 中心信号设备故障查找的原则和方法有哪些?
7. 简述中心信号设备故障处理的流程。
8. 中心信号设备故障处理应严禁哪些事项?
9. 信号故障处理应注意哪些事项?

项目三　卡斯柯中心信号设备

项目描述

以成都地铁4号线为例,学习卡斯柯 ATS 子系统中心设备,了解卡斯柯中心信号设备的组成、功能、基本操作、维护及常见故障处理。

教学目标

(1)了解卡斯柯控制中心系统设备构成。
(2)掌握控制中心 ATS 子系统主要设备作用及功能。
(3)掌握卡斯柯 ATS 子系统人机界面站场图中各种设备(信号机、道岔、计轴等)及列车的显示内容和意义。
(4)掌握 ATS 工作站中关于各种设备、列车及临时限速的操作方法和注意事项。
(5)掌握卡斯柯 ATS 子系统各硬件设备面板灯位设置及表示含义。
(6)熟悉卡斯柯 ATS 子系统硬件设备日常维护方法和系统软件基础维护要点。
(7)掌握卡斯柯 ATS 子系统设备检修作业程序、作业标准和安全注意事项。
(8)掌握卡斯柯 ATS 子系统设备故障处理原则和几种常见故障的处理方法。

工作任务一　设备组成及功能

工作任务

(1)了解卡斯柯 ATS 子系统设备运行环境、网络构成和性能参数。
(2)熟悉控制中心系统设备构成。
(3)掌握控制中心 ATS 子系统主要设备作用及功能。

知识准备

一、系统概述

1. 运行环境

(1)应用服务器和数据库服务器运行 Windows 2008 Server 操作系统。
(2)数据库服务器使用 Oracle 11g 数据库软件。

（3）调度/计划终端工作站、通信前置机运行 Windows 专业版操作系统。

（4）对于 ATS 中的 Windows 操作系统，安装赛门铁克杀毒软件。杀毒软件的服务端安装于 ATS 维护员工作站，统一管理安装于各 ATS 设备上的杀毒软件客户端。

2. 网络构成

控制中心 ATS 子系统采用两个网络交换机组成冗余配置的 100M 中心局域网；正线设备集中站、正线非设备集中站、车辆段子系统采用网络设备组成热备的 100M 车站局域网。ATS 车站设备通过网络连接到其车站局域网，然后通过冗余的 100M 主干网络接口连接到中心局域网中。

3. 性能参数

（1）最大支持运行列车数量：ATS 应能满足 54 辆车的运行，系统响应无明显下降。

（2）现场信息中心显示时间：现场状态变化到控制中心 ATS 界面显示的时间不超过 1s。

（3）控制命令至现场执行的时间：从 ATS 下达指令至现场设备接收到指令开始执行的时延不大于 1s。

（4）ATS 启动运行时间：中心 ATS 系统自上电启动到信号和列车监控功能具备的时间应小于 300s。

（5）连续无故障运行时间：ATS 系统应能满足 144h 连续无故障运行的要求，并满足整个信号系统的 RDT（Reliability Determination Test，可靠性验证测试）要求。

（6）热备切换性能：热备切换时间应不影响设备工作的连续性。

二、控制中心系统设备构成

控制中心系统设备构成如图 3-1 所示。

1. 中央控制室

2 台行车调度工作站；1 台总调度工作站。

2. 打印室

1 台打印工作站；1 台运行图绘图仪；1 台数据报表打印机；1 台故障报警打印机（针式打印机）。

3. 中央信号设备室

1 套冗余的 ATS 通信前置机（FEP）；1 个双机切换单元；1 套集群的 CATS 数据库服务器；1 套共享盘（磁盘阵列）；1 套冗余的 CATS 应用服务器；1 个通信机柜；2 个服务器机柜；1 台维护工作站；1 台维护打印机；1 台大屏接口计算机。

4. 计划运行图编辑室

1 台运行图/时刻表编辑工作站；1 台运行图/时刻表打印机。

三、控制中心 ATS 子系统主要设备作用及功能

1. CATS 应用服务器

CATS 应用服务器可实现全部线路包括停车场/车辆段的 ATS 功能处理，实现信号设备和列车的远程自动控制。CATS 服务器为双机热备设计，备机实时从主机获得同步的各种数据，在主机故障情况下可以快速切换。

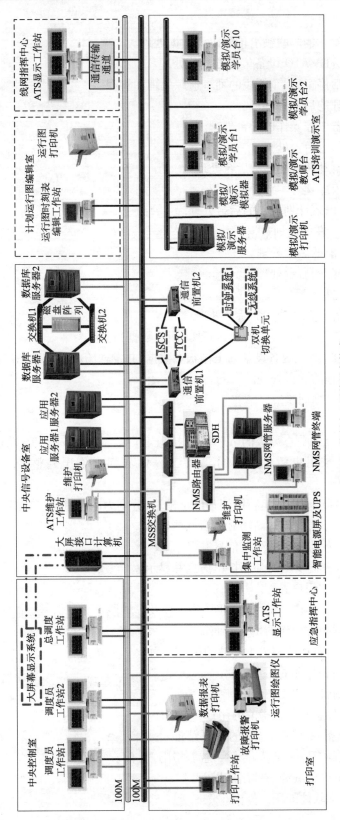

图3-1 控制中心系统设备构成

CATS 服务器功能如下：
(1) 正线/停车场/车辆段联锁上传的码位数据处理。
(2) 轨旁和车载 ATP/ATO 设备传送数据的处理。
(3) 全部线路包括停车场/车辆段的列车追踪处理和管理。
(4) 列车编组管理的后台处理。
(5) 联锁信号设备中控操作的后台处理。
(6) 列车控制操作的后台处理。
(7) 自动调度和自动调整功能的后台处理。
(8) 生成列车出入库预告。
(9) 在线时刻表/派班计划操作的后台处理。
(10) 向 LATS 同步在线计划数据。
(11) 用户管理功能的后台处理。
(12) 控制区域分配的后台处理。
(13) 外部接口信息处理。
(14) 告警/事件信息管理功能的后台处理。
(15) 历史数据(告警时间日志、历史运行图、回放数据)记录。
(16) 汇总管理 ATS 系统内各设备的工作状态数据，并发送给相应的维护接口。
(17) 系统参数管理的后台处理。
(18) 双机热备与数据同步。

2. 中心工作站

中心工作站软件用于中心一级的 ATS 人机接口客户端，实现中心 ATS 功能操作的各项用户界面。而根据登录用户角色的不同，ATS 工作站界面会作出调整，开放相应的操作权限。

该软件分为站场管理和在线运行图管理两个模块，分别为两个进程。功能如下：
(1) 接收 CATS 服务器发出的站场显示信息并显示。
(2) 接收 CATS 服务器发出的列车信息并显示。
(3) 接收 CATS 服务器发出的外部接口信息并显示。
(4) 提供列车管理的用户界面。
(5) 提供信号设备中心操作的用户界面(停车场及车辆段不具备信号操作功能)。
(6) 提供列车控制中心操作的用户界面。
(7) 提供自动调度/自动调整人工管理的用户界面。
(8) 提供在线时刻表管理的用户界面。
(9) 提供派班计划管理的用户界面。
(10) 提供调度员日志和留言提醒的用户界面。
(11) 提供 ATS 设备状态实时查看的用户界面。
(12) 提供告警/事件显示、确认、删除、过滤的用户界面。
(13) 提供告警/事件历史分析的用户界面。
(14) 调用报告查询软件的用户界面。

(15)提供用户登录/退出/管理自身密码的用户界面。
(16)提供维护员进行 ATS 用户管理的界面。
(17)提供维护员进行 ATS 系统参数管理的用户界面。
(18)提供维护员进行 ATS 数据备份的界面。
(19)调用回放软件用于历史回放。

3. 时刻表编辑工作站

时刻表编辑工作站提供在离线状态下对系统使用的参考行车计划进行管理的功能,直接连接到 oracle 数据库,对数据库内的基本计划数据进行操作。功能如下:
(1)本地编辑运行等级(站间运行时间)数据。
(2)新建/修改本地基本计划数据。
(3)基本计划缩放显示。
(4)基本计划打印。
(5)基本计划查询。
(6)基本计划有效性检查。
(7)上传/下载运行等级(站间运行时间)数据。
(8)上传/下载基本计划数据。
(9)删除数据库内的基本计划。
(10)根据配置参数辅助自动生成基本计划数据。
(11)从 Excel 文件导入基本计划(此功能需由第三方软件配合实现或指定文件格式)。
(12)导出基本计划到 Excel 文件。
(13)基本计划可在 ATS 培训演示室模拟验证。

4. 通信前置机

通信前置机作为控制中心 ATS 系统与外部系统的接口,负责转发 ATS 与无线系统、外部时钟、ISCS、TCC 的数据消息。功能如下:
(1)实现与无线系统的接口。
(2)实现与外部时钟的接口。
(3)实现与 ISCS 的接口。
(4)双机热备切换。

5. 维护工作站

ATS 维护工作站上基于 SNMP 协议实现与 MSS 系统的连接,向 MSS 报告 ATS 的维护状态。功能如下:
(1)与 CATS 应用服务器连接,获得 ATS 系统内设备工作状态。
(2)响应 MSS 服务器对于 ATS 状态的 SNMP 查询,及时报送 ATS 设备工作状态。

6. 大屏接口计算机

大屏接口计算机与 CATS 应用服务器相连,实现将 ATS 信息显示到大表示屏上的功能。功能如下:
(1)与 CATS 应用服务器连接,获得站场图显示信息。
(2)将站场图显示信息转换为指定格式发送到大表示屏。

工作任务二　设备人机界面显示

工作任务

(1)了解卡斯柯 ATS 子系统工作站人机界面主要显示内容。
(2)掌握卡斯柯 ATS 子系统人机界面站场图中各种设备(信号机、道岔、计轴等)的显示内容和意义。
(3)理解列车识别号的组成和站场图中列车识别号的各种表示含义。
(4)了解报警/事件显示的主要内容。

知识准备

ATS 工作站人机界面由菜单栏、标题栏、视图、输入对话框等组成,能够支持双屏幕显示。主要显示内容包括:
(1)主框架界面(标题栏、菜单栏等);
(2)主要 ATS 设备状态显示视图;
(3)时间显示视图;
(4)站场图显示视图;
(5)列车运行信息显示视图;
(6)终端站下辆车显示视图;
(7)告警显示和确认处理视图;
(8)编组查看和管理视图;
(9)出入库预告显示视图;
(10)统计报告视图;
(11)在线计划管理视图;
(12)信号管理操作视图;
(13)列车管理操作视图;
(14)回放视图;
(15)告警日志历史分析视图;
(16)ATS 系统设备状态查看视图;
(17)ATS 用户管理视图;
(18)ATS 系统参数配置管理视图。

一、主要设备状态显示

服务器会将当前 ATS 系统中各设备的连接情况通知 ATS 工作站,并在设备状态视图将这些主机的状态信息显示出来。主要设备包括显示服务器、工作站、大屏、通信前置机等。其中深绿色代表连通,灰色代表没有连通,浅绿色代表备机,紫色代表应用服务器主控,如图 3-2 所示。

图 3-2　设备状态视图

二、时间显示

时钟显示(TIME)显示当前的时间,以一个 24h 制的数字显示式时钟来显示,按秒数更新,如图 3-3 所示。

图 3-3　时间显示

三、站场图显示

站场图显示如图 3-4 所示。

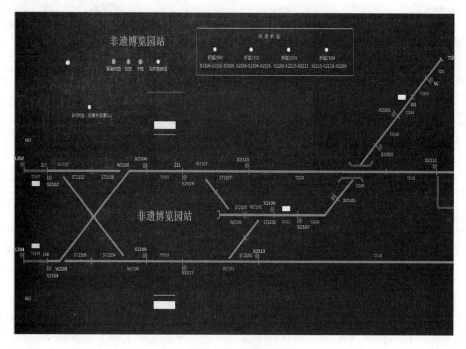

图 3-4　站场图显示

1. 静态显示数据

在站场图区域显示中将显示以下固定不变的静态信息:

(1)在每个车站相应的站台上方显示该站的中文名称和车站编号(同一集中站范围内的车站站名用同一颜色显示,而与相邻集中站内的车站站名颜色应不同,以示区分,集中站站名显示较大,以示区分)。

(2)自动折返模式 CYCLE 名。

(3)在相应的信号机标识符附近显示该信号机的名称(可隐藏)。

(4)计轴名称(可隐藏)。

(5)在相应的道岔标识符附近显示该道岔的名称(可隐藏)。

(6)折返区域的目的地编号(可隐藏)。

(7)ATS自动触发进路的触发位置(可触发进路的信号机名称及第一触发轨标绿显示)。

2. 动态显示数据

当工作站和服务器连接上的时候,工作站会请求服务器发送初始的设备状态、报警、列车内容、动态列车内容、控制区域和当前的站场图。当服务器和工作站连接丢失的时候,所有这些内容都会清空,或者设置为缺省状态。以下信息在每一车站区域中动态显示。

(1)站中控模式

站中控模式如图3-5所示。

图3-5 站中控模式

站中控状态用实心圆点表示,每个圆点下方用"站控"或"中控"来标识。

①标识为"中控"的圆点,稳定绿色:当前控制模式为中控。

②标识为"站控"的圆点,稳定黄色:当前控制模式为站控。

③标识为"紧急站控"的圆点,稳定红色:当前控制模式为紧急站控。

(2)信号机

①道岔防护信号机。

道岔防护信号机如图3-6所示,其含义见表3-1。

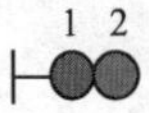

道岔防护信号机显示含义　　表3-1

灯位1	灯位2	含义
稳定红色	暗	信号关闭,不准越过该信号机
暗	稳定绿色	进路已经排列并锁闭,前方区间空闲
暗	稳定黄色	进路已经排列并锁闭,前方区间空闲,有道岔锁反位
稳定红色	稳定黄色	引导已建立

图3-6 道岔防护信号机

a. 道岔防护信号机的ATS自动进路使能状态用信号机旁边的黄色三角图形表示(图3-7)。

黄色三角显示:该信号机为始端的自动进路中至少一条被禁止。

三角隐藏:该信号机为始端的所有自动进路被允许。

图3-7 道岔防护信号机的ATS自动进路状态表示

b. 部分信号机旁的绿色箭头图形显示信号机相关自动通过进路建立状态。

绿色箭头显示:该信号机为始端的进路设置了自动通过(fleet)模式。

箭头隐藏:无自动通过(fleet)模式。

如图3-7所示。

②正线复示信号机。

正线复示信号机如图3-8所示,其含义见表3-2。

正线复示信号机显示含义　　　表 3-2

灯位 1	含义
稳定黄色	前方信号机关闭或开放引导信号
稳定绿色	前方信号机开放

图 3-8　正线复示信号机

③正线出站信号机。

正线出站信号机如图 3-9 所示，其含义见表 3-3。

正线出站信号机显示含义　　　表 3-3

灯位 1	含义
稳定红色	信号关闭,不准越过该信号机
稳定绿色	信号机前方进路已经排列并锁闭(兼做道岔防护信号机时),前方区间空闲
稳定黄色	兼做道岔防护信号机时,进路已经排列并锁闭,有道岔锁反位,前方区间空闲
闪烁当前色	已建立站间闭塞,列车可以出发并运行到下一站台

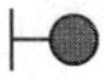

图 3-9　正线出站信号机

④线路中阻挡信号机。

线路中阻挡信号机如图 3-10 所示，其含义见表 3-4。

线路中阻挡信号机显示含义　　　表 3-4

灯位 1	含义
稳定红色	信号关闭,不准越过该信号机
稳定绿色	允许越过该信号机

图 3-10　线路中阻挡信号机

⑤线路终端阻挡信号机。

线路终端阻挡信号机如图 3-11 所示，其含义见表 3-5。

线路终端阻挡信号机显示含义　　　表 3-5

灯位 1	含义
稳定红色	信号关闭,不准越过该信号机

图 3-11　线路终端阻挡信号机

⑥停车场/车辆段内列车信号机(与停车场/车辆段联锁显示一致)。

停车场/车辆段内列车信号机如图 3-12 所示，其含义见表 3-6。

⑦停车场/车辆段内调车信号机。

停车场/车辆段内调车信号机如图 3-13 所示，其含义见表 3-7。

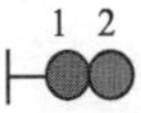

停车场/车辆段内列车信号机显示含义　　表 3-6

灯位 1	灯位 2	含　义
稳定红色	暗	信号关闭,不准越过该信号机
暗	稳定绿色	进路已经排列并锁闭,前方区间空闲
暗	稳定黄色	进路已经排列并锁闭,前方区间空闲,有道岔锁反位
稳定红色	稳定黄色	引导已建立

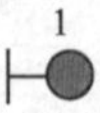

图 3-12　停车场/车辆段内列车信号机

停车场/车辆段内调车信号机显示含义　　表 3-7

灯位 1	含　义
稳定红色	信号关闭,不准越过该信号机
稳定月白色	调车进路已排列

图 3-13　停车场/车辆段内调车信号机

⑧CBTC 模式下当室外处于灭灯状态时,在相应的灯位上打叉,如图 3-14 所示。

某些信号机旁使用"Y"显示延时解锁,见图 3-14。

a. 绿色 Y 显示:该信号机为始端的进路正在 CBTC 模式下延时解锁。

b. 黄色 Y 显示:该信号机为始端的进路正在后备模式下延时解锁。

c. Y 隐藏:该信号机为始端的进路未在延时解锁状态。

图 3-14

(3) 计轴

①计轴区段显示颜色。

计轴区段显示颜色含义见表 3-8。

计轴区段显示颜色含义　　表 3-8

显示颜色	含　义	图　示
稳定红色	计轴处于占用状态	 ▬▬▬
稳定白色	计轴处于出清状态,故障锁闭	▬▬▬
稳定绿色	计轴处于空闲状态,是一条锁闭进路的一部分	▬▬▬
稳定蓝色	计轴处于出清状态	 ▬▬▬
稳定棕色	计轴被 ATC 报告失效	 ▬▬▬
闪烁	计轴被 ATS 切除跟踪,以当前颜色闪烁	 ▬▬▬

对于长度比较长的计轴可以根据显示需要分割成多个虚拟小区段,在 CBTC 模式跟踪列

车时，ATS 可以根据来自 ZC 的列车位置报告信息分别显示每个虚拟小区段的占用和出清状态。

②计轴内虚拟小区段单独显示颜色。

计轴内虚拟小区段单独显示颜色含义见表 3-9。

表 3-9　计轴内虚拟小区段单独显示颜色含义

显示颜色	含　义	图　示
稳定红色	计轴处于占用状态	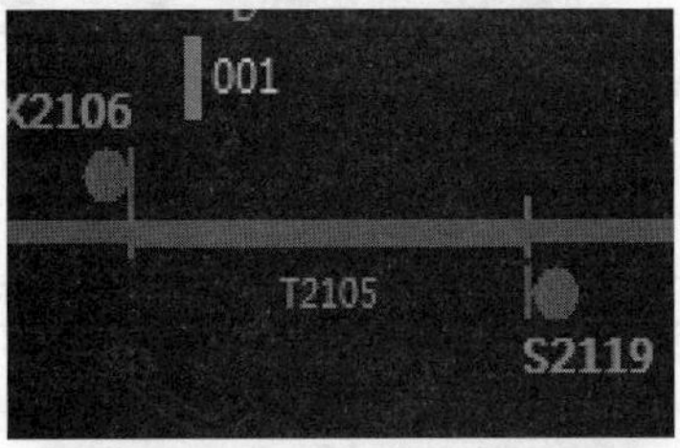
稳定白色	小区段处于出清状态，故障锁闭	
稳定绿色	小区段处于出清状态，属于一条锁闭的进路	
稳定蓝色	小区段处于出清状态，不是进路的一部分	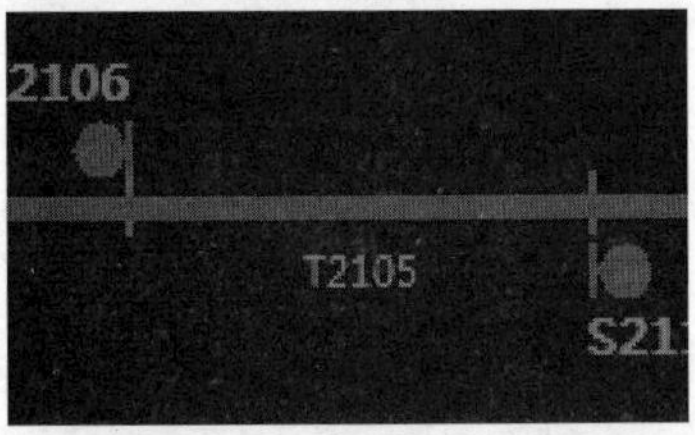
稳定粉红色	小区段被 CBTC 报告列车占用	

(4) 道岔

①道岔位置表示。

ATS 通过叉尖连到道岔的定位或反位的状态来表示道岔的定位或反位位置。

a. 道岔定位如图 3-15 所示。
b. 道岔反位如图 3-16 所示。
c. 道岔四开状态如图 3-17 所示。

图 3-15　道岔定位 　　　　图 3-16　道岔反位 　　　　图 3-17　道岔四开状态

②道岔线段图形的显示颜色和含义见表 3-10。

道岔线段图形的颜色含义　　　　　　　　　　　表 3-10

显示颜色	含　义	图　示
稳定粉红色	道岔被 CBTC 报告占用	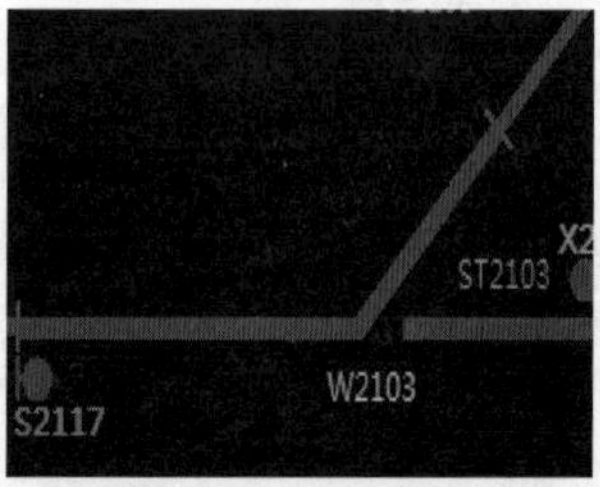
稳定红色	道岔区所在计轴被报告占用	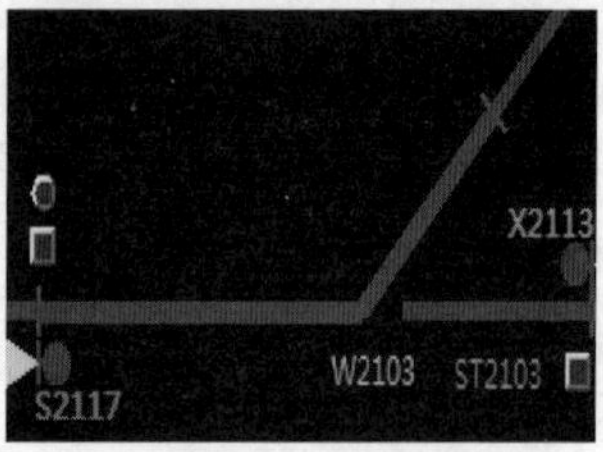
稳定蓝色	道岔未占用,道岔未锁闭、未单锁,属自动区	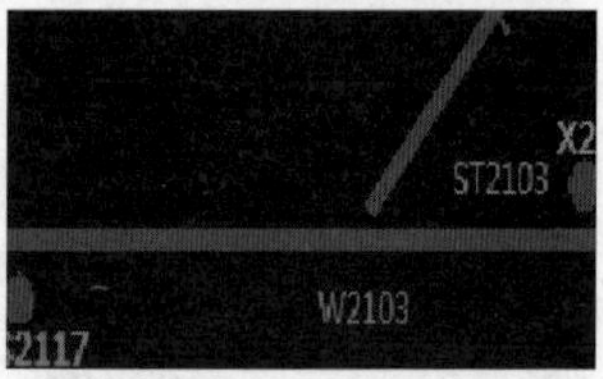
稳定绿色	道岔未占用,道岔正常锁闭,未单锁	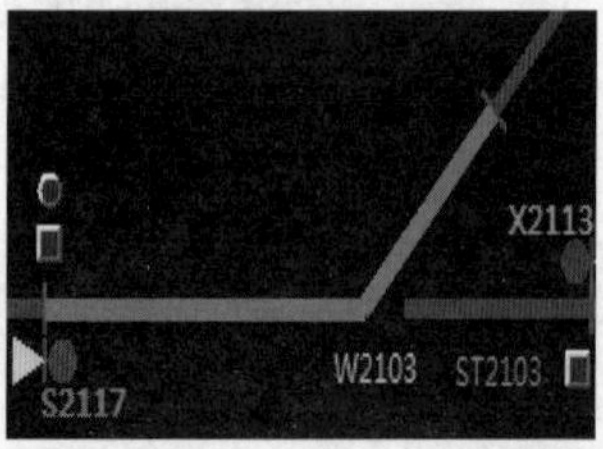

续上表

显示颜色	含 义	图 示
稳定白色	道岔未占用,道岔故障锁闭	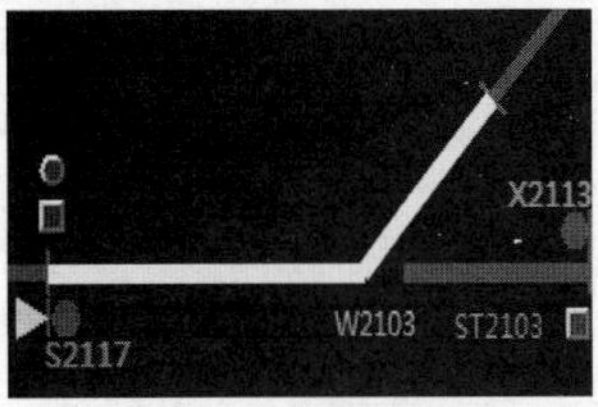
稳定棕色	道岔所在的计轴被 ATC 报告失效	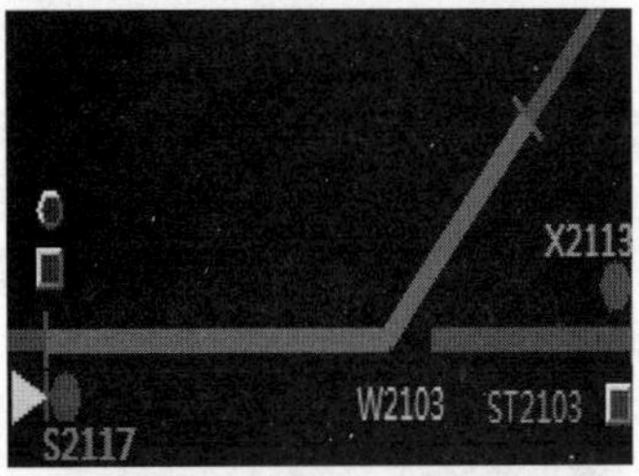
闪烁	道岔所在的计轴被 ATS 切除,以当前颜色闪烁	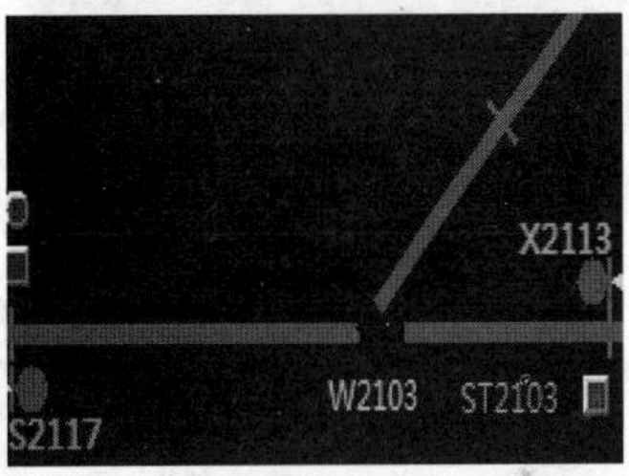

③道岔锁闭状态的显示颜色和含义见表3-11。

道岔锁闭状态颜色含义　　　　表3-11

显示颜色	含 义	图 示
绿圈	道岔定位人工单锁	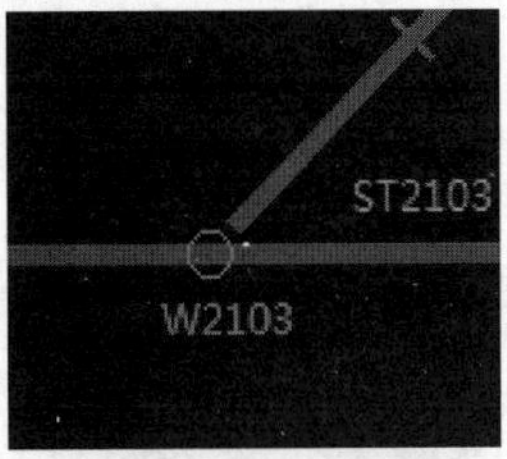
黄圈	道岔反位人工单锁	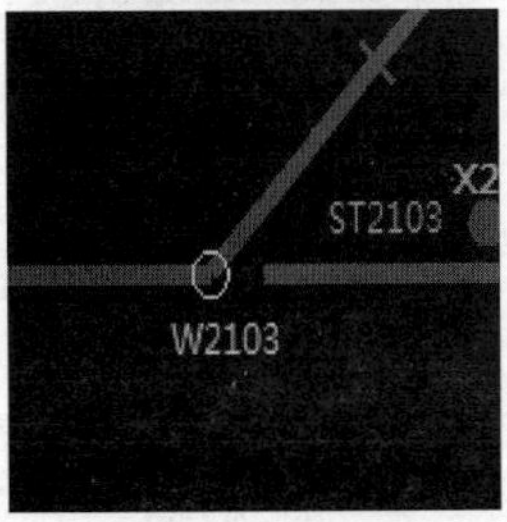

续上表

显示颜色	含 义	图 示
白圈	道岔逻辑锁	
红圈	道岔逻辑锁叠加人工单锁	

（5）站台

ATS在站场图上显示的站台状态包括：是否有列车停站、扣车、跳停、人工停站时间设置、人工站间运行等级设置，如图3-18所示。

图3-18　站台状态显示

①站台矩形图标显示颜色及含义见表3-12。

站台矩形图标显示颜色及含义　　　　　　　　　表3-12

显示颜色	含 义	图 示
稳定蓝色	站台设置了跳停命令	
稳定浅蓝色	站台设置了指定列车跳停命令	

续上表

显示颜色	含 义	图 示
稳定黄色	无跳停命令,列车在站台停站	
稳定白色	无跳停命令,站台没有列车停站	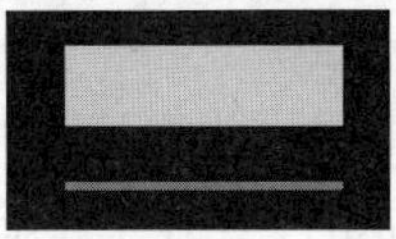

②站台旁菱形图标显示颜色及含义见表3-13。

站台旁菱形图标显示颜色及含义　　　　　　　　　　表3-13

显示颜色	含 义	图 示
稳定红色	站台紧急关闭	
隐藏	站台没有紧急关闭	

③站台旁白色数字显示及含义见表3-14。

站台旁白色数字显示及含义　　　　　　　　　　表3-14

显示内容	含 义	图 示
显示数字	站台人工设置的停站时间数值	
隐藏	站台没有被人工设置停站时间	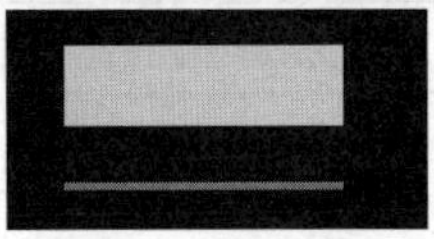

④站台旁数字或字符P显示及含义见表3-15。

站台旁数字或字符P显示及含义　　　　　　　　　　表3-15

显示内容	含 义	图 示
显示数字	该站台只在缺省方向设置了固定运行时间	

续上表

显示内容	含义	图示
显示字符 P	该站台设置了具体到秒的运行时间或者是按不同方向设置了运行时间	
隐藏	站台没有被人工设置运行时间	

⑤站台旁 H 字符显示颜色及含义见表 3-16。

站台旁 H 字符显示颜色及含义　　　　表 3-16

显示颜色	含义	图示
黄色	车站设置站台扣车	
白色	中心设置站台扣车	
红色	车站和中心同时设置站台扣车	
隐藏	站台没有被设置扣车	

⑥站台旁两根横线段显示颜色及含义见表 3-17。

站台旁两根横线段显示颜色及含义　　　　表 3-17

显示颜色	含义	图示
绿色分开	站台屏蔽门打开	
绿色合拢	站台屏蔽门关闭	
红色合拢	站台屏蔽门切除	

（6）临时限速

临时限速包括线路上已设置的临时限速范围和限制速度,紫色代表后备临时限速,黄色代表 CBTC 临时限速,如图 3-19 所示。

图 3-19　临时限速显示

当 LC 控制器初始启动时,将会在线路上设置一个全线初始限速,该初始限速显示如图 3-20 所示。

（7）供电区段状态

在站场图上用如图 3-21 所示的图形显示 SCADA 系统传送的供电轨供电区段供电状态。

图 3-20　全线临时限速

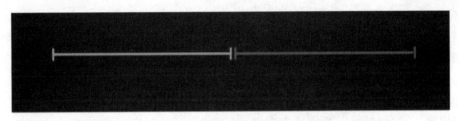

图 3-21　供电区段供电状态

①稳定绿色:供电区段无电。
②稳定红色:供电区段有电。
③稳定深蓝色:与 SCADA 连接中断,供电状态未知。

（8）信号告警和设备状态

在控制中心调度工作站站场图区域显示 ZC 和 LC 设备工作状态,如图 3-22 所示。

图 3-22　信号告警和设备状态

①稳定红色:ZC/LC 设备与 ATS 离。
②稳定黄色:ZC/LC 设备在线,但非 3 取 2 全系统工作。
③稳定绿色:ZC/LC 设备在线,全系统工作。
④灰色:设备接口无连接。

（9）站场设备状态信息

站场设备状态视图可通过主菜单来显示和隐藏,也可以通过在站场设备上右键选择查询设备状态菜单来显示,可以根据配置具体查看某一站场设备的静态信息、状态信息,如图 3-23 所示。

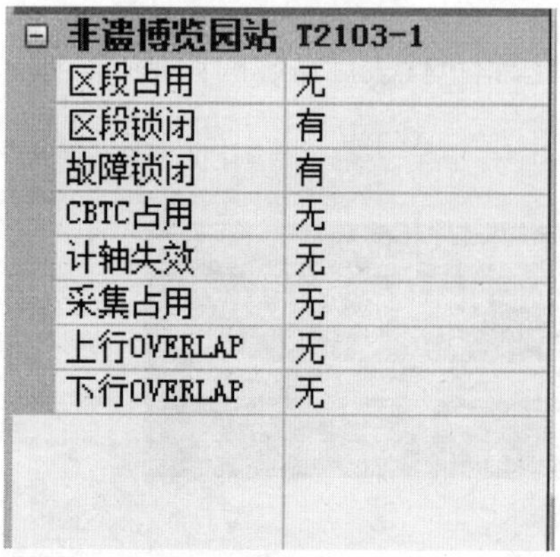

图 3-23 所示为查询到的非遗博览园集中站的 T3103-1 设备的区段占用、区段锁闭、故障锁闭、CBTC 占用、计轴失效、采集占用、上下行 OVERLAP 状态。此结果不断根据设备的实际状态来刷新。

(10) 图形元素的显示/隐藏

① 通过选择菜单功能,站场图上每根轨道/计轴下方的名称显示可以被隐藏。

② 通过选择菜单功能,站场图上每个道岔名称显示可以被隐藏。

③ 通过选择菜单功能,站场图上每个信号机名称显示可以被隐藏。

图 3-23 站场设备状态信息

④ 通过选择菜单功能,站场图上目的地名称显示可以被隐藏。

四、列车识别号

1. 列车识别号组成

(1) 服务号:系统对正线列车的辨认,在一天的服务中保持不变,回段后再出段,列车的服务号将重新分配;服务号由三位数字组成,有效范围 001~999。

(2) 目的地号:代表目的地位置,由三位数字组成,有效范围为 001~999,等价折返轨的目的地设置为不同值。前两位表示车站编号,第三位表示站台编号。

(3) 序列号:按列车运行顺序及方向顺序编制,由两位数字组成,上行为偶数,下行为奇数,有效范围 01~99。

(4) 车组号:某一特定列车编组的编号,由三位数字组成,有效范围 001~999。

(5) 乘务号:司机号,与乘务人员有关的编号,由三位数字组成,有效范围 001~999。

(6) 运行方向符:箭头符,指向目的地方向。

2. 列车识别号表示

列车识别号的表示如图 3-24 所示,其含义见表 3-18。

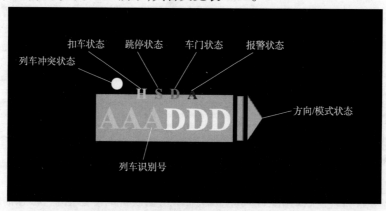

图 3-24 列车识别号

列车识别号含义　　　　　　　　　　　表 3-18

图　形	显示状态	含　义
列车识别号 DD(目的地号)	绿色	准点
	蓝色	早点
	红色	晚点
	白色	头码车
	黄色	标记 ATP 切除
列车识别号 AAA 计划车、头码车 = 服务号 人工车 = 车组号	白色	服务号显示(计划车、头码车)
	黄色	车组号显示(计划车、头码车)
	粉色	人工车(车组号)
扣车状态 H	黄色	列车处于扣车状态
	隐藏	列车未处于扣车状态 或 CBTC 通信故障或非装备列车
跳停状态 S	浅蓝色	列车处于跳停状态
	隐藏	列车未处于跳停状态 或 CBTC 通信故障或非装备列车
车门状态 D	红色	车门打开时故障 或车门关闭时故障
	绿色	车门正常打开状态
	隐藏	车门正常关闭 或 CBTC 通信故障或非装备列车
方向/模式状态	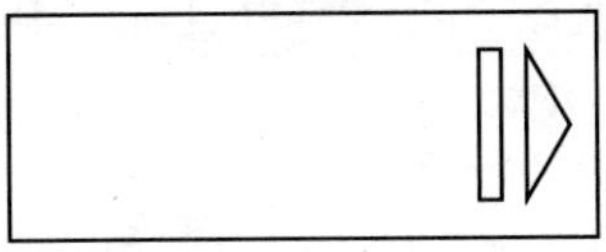 ▷	列车运动,方向向右
	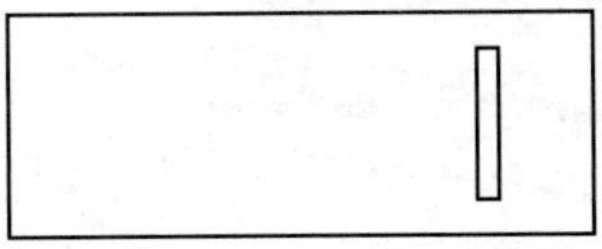 |	列车停止,方向向右
	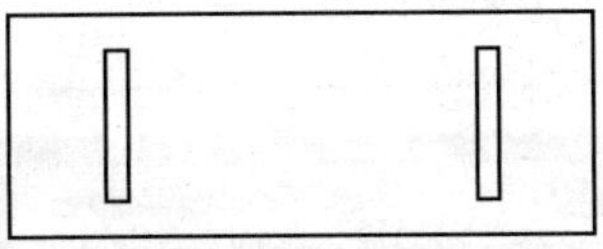 | |	列车停止,方向不确定
	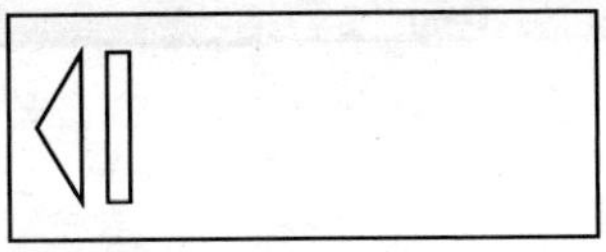 ◁	列车运动,方向向左
	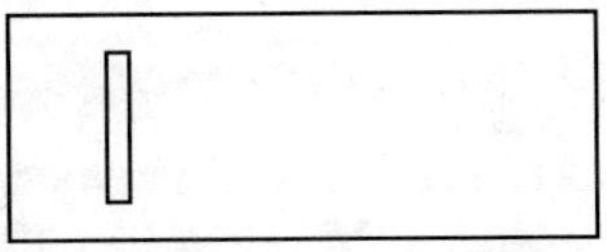 |	列车停止,方向向左

续上表

图 形	显 示 状 态	含 义
方向/模式状态颜色	橙色	ATO-CBTC（CBTC 通信）
	黄色	ATP-CBTC（CBTC 通信）
	蓝色	ATB（CBTC 通信）
	紫色	ATO-BM（非 CBTC 通信）
	粉色	ATP-BM（非 CBTC 通信）
	灰色	RM
	红色	NDD 未知模式
	隐藏	CBTC 通信故障或非装备列车
列车报警状态 A	红色	列车有报警信息
	隐藏	CBTC 通信故障或非装备列车
列车冲突状态	白色圆点	存在计划冲突
	隐藏	无计划冲突
背景色	棕色	CBTC 列车
	无	CBTC 通信故障或非装备列车

五、报警/事件显示

操作员可以在报警视图观察到所发生的报警。报警按照严重程度分为 4 个级别。级别为 0 的报警（弹出式报警）将直接在 ATS 工作站上弹出一个消息框显示，操作员点击消息框上的"确认"按钮关闭该消息框，同时确认该报警。报警窗口只显示用户通过报警过滤设置所选的需要显示的报警，并且能够确认。

报警显示界面如图 3-25 所示。

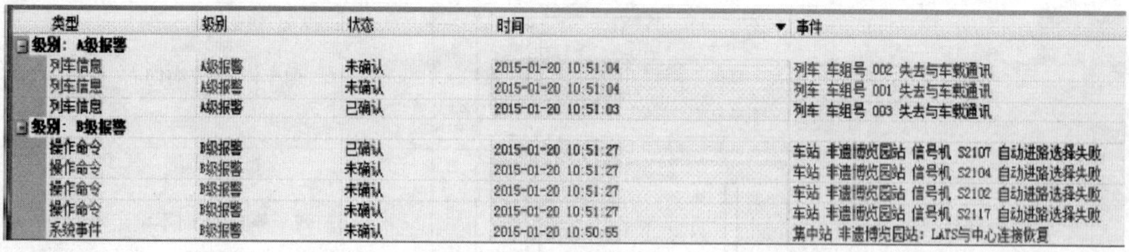

图 3-25 报警显示界面

每条报警或事件都包含以下的内容。

1. 时间

发生报警的年月日、时分秒。

2. 级别

用数字定义报警和事件的重要性：0 为弹出式报警；1 为 A 级报警；2 为 B 级报警；3 为 C 级报警；4 为事件。

3. 类型

用数字描述报警和事件的类型。

(1)操作命令:各种人工操作命令记录。

(2)信号状态:轨道、道岔、信息机、区间限速等各种信号设备的状态变化。

(3)列车信息:列车追踪移动、出入库、到发站、计划状态等信息。

(4)系统事件:其他 ATS 系统运行中发生的事件,如服务器倒机、计划生成等。

4. 状态

一条报警分已确认或是未确认状态。

工作任务三　设备系统操作

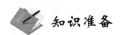

(1)了解卡斯柯 ATS 人机界面上执行命令的实现方式。

(2)理解 ATS 工作站中鼠标和键盘的操作方法。

(3)熟悉站控和中控模式转换的实现方式。

(4)掌握 ATS 工作站中各种设备的操作方法和注意事项。

(5)掌握 ATS 工作站中关于列车的操作方法和注意事项。

(6)掌握 ATS 工作站中关于临时限速的操作方法和注意事项。

一、操作方式

1. 实现方式

ATS 人机界面上选择执行命令可以用以下几种方式来实现:

(1)用鼠标在站场图上选择一个可操作设备所对应的敏感区域,例如在一架信号机上,点击鼠标右键,从弹出的菜单中选择该设备可以执行的命令。

(2)通过点击顶部菜单项,选择相应的命令来执行。

(3)在大多数情况之下,都可以避免使用字母数字键盘输入,而代之以鼠标在站场图上点选操作对象,以提高系统的易用性。

(4)当显示信息列表时,如报警信息列表或列车信息列表,就用滚动条来显示信息列表中的任意部分。

(5)对于比较关键的操作命令,如区间限速的设置和取消,必须采用二次确认方式处理。即用户选择执行命令后,系统会弹出一个询问是否确认的对话框,需要用户第二次确认发送该命令给外部设备执行。

(6)当操作员执行控制命令时,如果操作成功,对应的信号设备图标状态会有变化。如果命令执行失败,则会弹出报警框提示失败原因。

2. 鼠标操作

鼠标可用来点选和执行功能。它也可用于从站场图中选定控制单元或列车来输入数据。用户可以综合鼠标和键盘的操作来完成其特定操作。鼠标是一种定点设备。通过移动鼠标，鼠标指针在屏幕上也相应地移动。例如，向上移动鼠标，指针也向上移动。以下简要介绍 ATS 工作站中可用到的鼠标操作：

(1) 为了在站场图中选择一个控制单元(道岔、轨道名、信号机等)，移动鼠标指针到所选单元上并单击鼠标右键，会显示对应该设备当前能够执行的命令的菜单，菜单激活的原则是只有能够执行的菜单才可以使能。用户可以选择所要执行的命令的菜单。

(2) 在激活了一项命令的时候，如果该项命令只是牵涉一个设备，如跳停，只是牵涉一个站台，那么在命令的对话框弹出后，用鼠标左键点击站场图上的站台，会将相应的站名和站台输入编辑框内。如果一个命令需要两个设备，如移动车次号，则通过鼠标左键点击车次窗，输入第一个设备(原车次号)，通过鼠标右键点击车次窗，输入第二个设备(目的车次窗)。

(3) 当鼠标右键点击站场图空白位置的时候，会弹出车站选择的快捷菜单。

(4) 按住鼠标左键时可以上下左右拖动站场图。

(5) 功能和数据的输入只有在该窗口被"激活"的时候才可用。移动鼠标到一个窗口的分界线之内，单击鼠标左键，该窗口被"激活"，可通过窗口边框颜色的改变反映出来。

3. 键盘操作

键盘通常是用来在命令窗的数据输入区输入特定的数据的。用户可以综合使用鼠标和键盘的操作来输入所要求的参数。键盘只用来输入数字和简单字母，如输入车次号、车组号、目的地等，选择信号设备、车站、站台必须通过鼠标点击选择的方式。

二、站控中控转换操作

站控中控模式转换可以通过两种方式实现。一种方式为鼠标左键点击站场图集中站遥控按钮对单一集中站进行转换，另一种方式为使用系统菜单调用，批量对全线集中站或部分集中站进行转换。

图 3-26　站中控切换按钮

1. 操作方式一

使用站场界面上的站遥控切换按钮进行操作可以控制模式间的切换。鼠标右键站中控切换按钮，如图 3-26 所示，ATS 系统将根据当前的控制模式自动使能相对应的模式切换操作。

(1) 当前中控下，请求站控菜单将被使能，如图 3-27 所示。

(2) 当前站控下，请求中控将被使能，如图 3-28 所示。

图 3-27　站控菜单使能

图 3-28　中控菜单使能

点击相应的菜单进入对话框，操作的对象集中站及切换类型已经被自动选中并不能进行编辑,点击"应用"完成该操作,点击"关闭"退出该对话框,如图3-29所示。

站控:表示请求/确认站控,使用中心/车站请求确认机制。

中控:表示请求/确认中控,使用中心/车站请求确认机制。

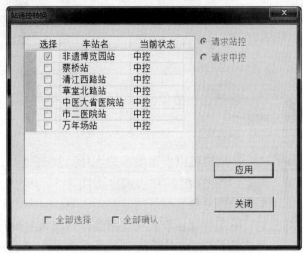

图 3-29　操作方式一:单一集中站进行转换

2.操作方式二

如果从系统菜单→站中控切换进入到对话框,则全部的集中站均可以进行勾选,切换的模式也可以进行选择,点击"应用"后完成操作,可以对多个集中站同时进行同类型的操作,如图3-30所示。

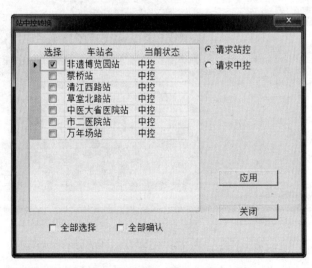

图 3-30　操作方式二:批量集中站进行转换

3.站中控转换使用时机

(1)在信号系统工作正常时,一般使用 ATS 系统的遥控模式。

(2)当个别车站有表示故障或信号设备故障(如计轴故障等),出问题的车站可以转为站控。

(3)当中心故障时(如应用服务器故障),可以全线转站控模式。

(4)当全线大范围故障(如全线表示不正常、不自动触发进路等),可以全线转站控模式。当出现表示故障,应先尝试站控,无法恢复后,立即转为紧急站控。

(5)当车站有施工时,一般使用站控模式,由车站值班员确保施工安全。

三、设备操作

1. 信号机

(1)进路排列

图3-31 "进路设置"对话框

选择这一功能,允许用户操作排列指定的进路,如图3-31所示。

①操作方法。

a. 用户可以点击图3-31中的"展开进路预览"按钮展开进路预览站场图(图3-32),或点击图3-32中的"收起进路预览"按钮来收起进路预览站场图。

b. 用户鼠标点击站场图选择始端信号机并在出现的菜单中选择该操作项,在对话框中的进路列表中选择进路,然后执行这一功能。

②注意事项。

图3-32 进路预览站场图

a. 系统正常工作时,计划车、头码车的进路会自动触发,不需人工干预。

b. 特殊情况下(如等待冲突列车通过等),需让计划车、头码车立即发车,可人工办理进路。

c. 人工车不能自动触发进路,需人工办理进路。

d. 执行办理进路操作前先目视下所要办的进路具备条件(如进路上是否有列车占用,是否有敌对进路等)。

e. 人工办进路时需核实所办的进路是所需要的(如想办列车进路,不要办了相同始端信号机的折返进路)。

f. 进路办理成功后,进路锁闭的区段有绿光带显示。

g. 办理进路的命令发出后,若办理失败,会有相应提示("命令冲突"或"命令超时"等)。

(2) 取消进路

选择这一功能,允许用户取消一条指定的进路。

①操作方法。

a. 用户鼠标点击站场图,选择进路的始端信号机,并在出现的菜单中选择该操作项,此时该信号机及所属车站的信息将自动输入到弹出的对话框中,如图 3-33 所示。

b. 操作员选择"确定",该请求将发送给服务器处理。

②注意事项。

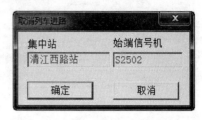

图 3-33 "取消列车进路"对话框

a. 正常情况下(自动通过进路除外),列车经过进路后,联锁会自动解锁进路,不需人工取消进路。

b. 若计划车、头码车自动触发了进路或人工办理的进路,当调度运营有变动时,且列车未处于接近锁闭区段状态(信号机灯柱颜色变黄),可人工取消进路。

c. 执行取消进路操作时需确认不要选错信号机。

d. 取消进路成功后,信号机关闭,进路需要锁闭的区段显示为出清且不锁闭的状态。

e. 取消进路的命令发出后,若取消失败,会有相应的提示(命令冲突或命令超时等)。

(3) 进路交人工控

选择这一功能,允许用户将某个信号机为始端的进路取消 ATS 自动触发使能,转为人工办理。

①操作方法。

a. 用户鼠标点击站场图,选择进路的始端信号机,并在出现的菜单中选择该操作项。

图 3-34 "进路交人工控"对话框

b. 在弹出对话框(图 3-34)的进路列表中选择进路,并选择"确认",可以设置该条进路必须为人工办理,不能由 ATS 自动触发。

②注意事项。

a. 正常情况下,列车在系统的自动调整模式下运行,不需人工干预。

b. 在特殊的情况下(人工调整列车的运行顺序、人工调整早晚点、处理故障的需要等),可人工干预,将某条进路设为人工控的状态,以此禁止进路的自动触发,待合适时机再转为自动控或人工办理进路。

c. 执行进路交人工控时需确认选择的进路是想要转人工控的进路。

d. 执行进路交人工控后,可在"查询进路控制状态"中查看命令是否执行成功。

(4) 进路交自动控

选择这一功能,允许用户将某个信号机为始端的某条进路设置为由ATS自动触发使能。

①操作方法。

图3-35 "进路交自动控"对话框

a. 用户鼠标点击站场图,选择进路的始端信号机,并在出现的菜单中选择该操作项。

b. 在弹出对话框(图3-35)中的进路列表中选择进路,并选择"确认",可以设置该条进路由ATS自动触发。

②注意事项。

a. 若要使计划车、头码车自动触发进路,则要触发的进路需处于自动控状态。

b. 若某条进路由于转人工控操作或人工取消此进路而转为人工控后,需人工执行"进路交自动控",才能被计划车、头码车自动触发。

c. 执行进路交自动控时需确认选择的进路是想要转自动控的进路。

d. 执行此操作后,可在"查询进路控制状态"中查看命令是否执行成功。

(5)信号重开

选择这一功能,允许用户向某个未开放信号机发送信号重开命令。

①操作方法。

a. 用户鼠标点击站场图,选择进路的信号机,并在出现的菜单中选择该操作项,信号机及其车站属性将被自动列入弹出的对话框中,如图3-36所示。

b. 选择"确定",将发出信号重开命令。

②注意事项。

图3-36 "重开信号"对话框

a. 信号系统正常工作时,无需执行此操作。

b. 若信号由于故障(如锁闭的进路区段故障)或人工干预导致信号关闭,此后调度运营想再次开放此信号(前提是信号开放的条件具备,如故障区段已恢复),可以执行信号重开使信号重新开放。

c. 若办理了折返进路后,列车到达折返轨,但由于运营调整,需要让列车继续前行时,可执行此命令重开前方阻挡信号机。

d. 执行此操作后,若执行成功,则信号会开放,若执行失败,也有相应的提示("命令冲突"或"命令超时"等)。

(6)设置/取消自动通过进路

选择这一功能,允许用户向某个未开放信号机设置/取消自动通过进路。

①操作方法。

a. 用户鼠标点击站场图,选择进路的信号机,并在出现的菜单中选择该操作项,信号机及其车站属性将被自动列入弹出的对话框中,如图3-37所示。

b. 选择"确定",将发出设置/取消通过模式命令。

② 注意事项。

a. 若在较长的一段时间内，列车均会经过某信号机的一固定进路，而不会经过此信号机的其他进路，且该进路可以办理自动通过模式。为提高效率，减少不必要或重复的进路的建立与取消，或调度运营的需要，可以设置此进路的自动通过模式。

b. 若进路处于自动通过模式，则该进路不允许自动触发，根据调度运营的需要（如下次列车的运行路径跟此自动通过进路不符），可以取消自动通过模式。

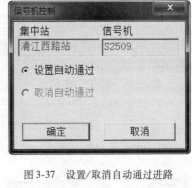

图 3-37　设置/取消自动通过进路

c. 执行设置或取消通过模式后，若执行成功，界面上会有相应显示，若执行失败，也有相应的提示（"命令冲突"或"命令超时"等）。

2. 站台

（1）扣车

此功能用于在某一指定站台设置中心扣车。

图 3-38　"扣车"对话框

① 操作方法。

a. 用户鼠标点击站场图上的站台图标，并在出现的菜单中选择该操作项，被点击站台的属性将被自动列入弹出的对话框中，如图 3-38 所示。

b. "功能"自动选定为"扣车"。

c. 用户可根据需要在类型处选择上行或下行扣车。

d. 选择"确定"将发出该站台扣车命令，选择"取消"则放弃操作并关闭对话框。

② 注意事项。

a. 扣车命令一般在处理故障或行车调度员人工调整列车运行时使用。

b. 在后备模式下，执行扣车成功后联锁会关闭出站信号机，在 TDT 上有相应的扣车指示，并会在站台旁显示"H"。

c. 在 CBTC 模式下，执行扣车成功后车次号上方会有"H"显示，并会在站台旁显示"H"，TDT 上也会有相应的扣车指示。

d. 执行失败的话会有相应的提示（"命令冲突"或"命令超时"等）。

（2）取消扣车

此功能用于对某一指定站台或全线站台取消之前设置的中心扣车。

① 操作方法。

a. 用户鼠标点击站场图上的站台图标，并在出现的菜单中选择该操作项，被点击站台的属性将被自动列入弹出的对话框中，如图 3-39 所示。

图 3-39　取消扣车

b."类型"可以选择"本站台上行"或者"本站台下行"。

c."功能"自动选定为"取消扣车"。取消时需要注意,取消扣车方向需要与设置时的方向保持一致。中心设置的扣车由中心取消,车站设置的扣车由车站取消,在中心故障情况下,可由车站取消中心设置的扣车。

d.选择"确定"将发出取消扣车命令,选择"取消"则放弃操作并关闭对话框。

②注意事项。

a.在处理故障或行车调度员人工调整时,根据运营需要可以放行列车时执行此操作。

b.此操作执行成功后,出站信号机开放,站台旁的"H"消失,并会有命令发给列车。

c.执行失败的话会有相应的报警提示("命令冲突"或"命令超时"等)。

(3)提前发车

此功能用于对某一指定站台设置提前发车命令,允许该站台当前停站列车立即发车,不论是否还剩余停站时间。

①操作方法。

a.用户鼠标点击站场图上的站台图标,并在出现的菜单中选择该操作项,被点击站台的属性将被自动列入弹出的对话框中,如图3-40所示。

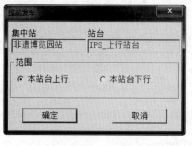

图3-40 "提前发车"对话框

b."范围"自动选定为"本站台上行"或者"本站台下行"。

c.选择"确定"将发出提前发车命令,选择"取消"则放弃操作并关闭对话框。

d.如果站台当前设置了扣车,则提示不允许操作提前发车命令。

②注意事项。

a.由于行车调度员人工调整或其他运营需要,需要停在站台的列车立即发车时,可以执行此操作。

b.此操作执行成功后,DTI会有相应显示,并会有命令发给列车,列车具备了发车条件,可以立即发车。

c.执行失败的话会有相应的报警提示("命令冲突"或"命令超时"等)。

(4)设置跳停

此功能用于对某一指定站台设置跳停命令,命令后续列车不停站通过该站台。

①操作方法。

a.用户鼠标点击站场图上的站台图标,并在出现的菜单中选择该操作项,被点击站台的属性将被自动列入弹出的对话框中。可以选择本站台上行/下行跳停和指定列车上行/下行跳停,如图3-41所示。

b.本站台上行/下行跳停:每列上行/下行列车都将跳过被跳停站台,直到取消原来的跳停命令。

c.指定列车上行/下行跳停:需指定欲跳停上行/下行列

图3-41 设置跳停

车的车组号,当该车成功跳过被跳停站台后,根据项目配置,跳停命令一直有效或被自动取消。

d. 在已经设置本站台上行/下行跳停的站台,将不允许再设置对应方向指定列车跳停命令。

e. 在已经设置指定列车上行/下行跳停的站台,如果再设置对应方向本站台跳停,将自动删除指定列车跳停设置。

②注意事项。

a. 由于行车调度员人工调整或其他运营的需要,让列车不停车通过本站,可以执行跳停操作。

b. 此操作执行成功后,TDT会有跳停显示,也会有命令发给列车,相应站台会蓝色显示。

c. 操作执行失败的话会有相应的报警提示("命令冲突"或"命令超时"等)。

(5) 取消跳停

此功能用于对某一指定站台取消之前设置的跳停命令。

①操作方法。

a. 用户鼠标点击站场图上的站台图标,并在出现的菜单中选择该操作项,被点击站台的属性将被自动列入弹出的对话框中(图3-42)。如果为指定列车取消跳停,还需要从下拉列表进行选择或用鼠标点击站场图列车图标选择一辆列车,然后执行这一功能。

b. 如果选择取消站台跳停,而该站台设置的是指定列车跳停,则所有的指定列车跳停命令将被取消。

c. 如果选择取消指定列车跳停,则指定的列车跳停命令将被取消,但其他列车在该站台跳停的命令不受影响。

d. 如果选择取消指定列车跳停,而站台设置的是站台跳停命令,则执行失败。

图3-42 取消跳停

②注意事项。

a. 由于行车调度员人工调整或其他运营需要,不再需要列车直接通过本站,可以执行此操作。

b. 执行取消跳停操作对区间列车也会起作用,当列车接近站台时,对跳停列车执行取消跳停功能需注意时机,最好在区间没车时,取消相应的跳停功能。

c. 操作执行成功后,TDT会有相应显示,并会发命令给列车,这样列车会根据收到的运行命令停靠站台。

d. 执行失败的话会有相应的报警提示("命令冲突"或"命令超时"等)。

(6) 运行等级控制

此功能用于对某一站台设置运行时间。当设置后,所有从这个站台发车的列车都将按设置的运行时间或是指定的运行时间进行下一区间的运行。

①操作方法。

a. 用户鼠标点击站场图上的站台图标,并在出现的菜单中选择该操作项,被点击站台的属性将被自动列入弹出的对话框中,如图3-43所示。

b. "运行等级"可以为每一条单独的路径设置不同的运行时间。可手动设置运行等级,选择自动、人工等。

中心信号设备检修

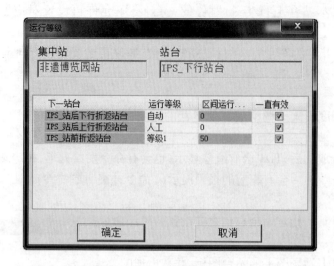

图 3-43　运行等级控制

c. "有效次数"可以选择指定该运行等级的设置是"一直有效"还是"一次有效"。当选择指定等级的某个运行时间后,如果选择"一直有效",则所有到达该站台的列车都会按照设置的运行等级发车运行,如果选择"一次有效",则仅下一趟到达该站台的列车会按照指定的运行等级发车运行,该车从站台发车后,站台的运行等级控制自动变为"自动"(ATS 自动控制)。

d. 选择"执行"将发出运行等级命令,选择"取消"则放弃操作并关闭对话框。

② 注意事项。

a. 由于行车调度运营调整的需要,可以执行此操作来调整列车在区间的运行时间。

b. 执行成功后,命令会发给相应列车,并在站台旁边有相应的运行等级显示。

c. 执行失败后会有相应的报警提示。

(7) 停站时间控制

此功能用于对某一站台设置停站时间。当设置后,所有到达该站台的列车都将按照设定的停站时间进行控制。

图 3-44　停站时间控制

① 操作方法。

a. 用户鼠标点击站场图上的站台图标,并在出现的菜单中选择该操作项,被点击站台的属性将被自动列入弹出的对话框中,如图 3-44 所示。

b. "模式"框内的选择框显示当前该站台的停站时间设置命令,如果需要修改,可以重新选择"自动"(由 ATS 自动调整列车停站时间)和"全人工"。

c. 如果选择"全人工",需要在旁边的输入框中输入设置的停站时间数值(单位为 s)。可以点击旁边的箭头图标对数值进行增减。

d. "有效次数"可以选择指定该停站时间的设置是"一直有效"还是"一次有效"。当选择"全人工"并指定停站时间数值后,如果选择"一直有效",则所有到达该站台的列车都会按照设置的停站时间在该站台停站,如果选择"一次有效",则仅下一趟到达该站台的列车会遵照指定的停站时间,该车从站台发车后,站台的停站时间控制自动变为"自动"(ATS自动调整)。

②注意事项。

a. 由于调度人工调整或其他运营的需要,行车调度员可以人工设置停站时间,这样列车就会按照设定的停站时间停车。

b. 此操作执行成功后,TDT会有相应的显示,并会有命令发给列车,在站台旁有停站时间数值显示。

c. 执行失败的话会有相应的报警提示。

3. 确认计轴有效

此操作用于发送命令给ZC设备,确认某个被报告失效的计轴已被修复,要求ZC将该计轴置为有效状态。该操作需要进行二次确认。

(1)操作方法

①用户鼠标点击站场图上计轴内的轨道或道岔线段图标,并在出现的右键菜单中选择该操作项,如图3-45所示的对话框将自动弹出,被点击的计轴所属车站和名称将自动列入弹出的对话框的"准备"部分。

图3-45 确认计轴有效

②点击"准备"栏内的"确认"按钮,命令消息被ATS发送到ZC设备。

③当ATS接收到来自ZC设备,请求确认刚才操作的消息时,对话框中的"确认"栏内的下拉选择输入框被打开,同时"准备"栏内输入框中的刚才选择的计轴名称被隐藏,显示为"＊＊＊"。

图3-46 计轴已恢复

④此时操作员在"确认"栏内打开的下拉选择输入框中再次指定需要操作的计轴设备。首先在"车站"下拉框中选择相应集中站名称,此时该集中站包含的计轴自动列入"计轴"下拉输入框,然后在"计轴"下拉输入框中选择需要操作的计轴名称,最后点击旁边的"确认"按钮,ATS将第二次输入的内容再次发送给ZC设备。

⑤"状态"显示框将显示命令是否成功执行,以及显示命令处理过程中的操作提示信息,如图3-46所示。

(2)注意事项

①中心工作站会显示ZC报告的计轴失效状态,在确认该计轴修复后,需要执行此操作将该计轴置为有效的显示状态。

②执行成功后,计轴失效的状态消失,恢复为正常的显示状态。

③执行失败的话会有相应的报警提示。

4. 道岔单操

选择这一功能允许用户进行道岔单操。

(1)操作方法

①用户鼠标右键点击站场图道岔,选择"单操定位"或"单操反位",被点击的道岔所属车

图3-47 道岔单操

站和名称将自动列入弹出的对话框中,如图3-47所示。

②选择"确定"将发出命令,选择"取消"则放弃操作并关闭对话框。

(2)注意事项

①由于调度运营的需要,可以执行此操作,将道岔搬到需要的位置。

②执行操作前需确认道岔未锁闭、未占用。

③执行成功后,道岔会被搬到指定的位置(定位或反位)。

④执行失败的话会有相应的报警提示。

四、列车操作

1. 定义车组号

此功能用于在正线或停车场/车辆段的某个位置定义一个需要ATS跟踪管理的列车记录。

(1)操作方法

①用户鼠标点击站场图上某个空闲车次窗图标并在出现的菜单中选择该操作项,车站和车次窗属性将被自动输入到弹出的对话框中,如图3-48所示。

②新车组号可以通过下拉框选择ATS系统已经定义的车组号,也可以输入自定义车组号。输入的车组号必须为三位数字且必须大于零。输入的车组号必须未被系统中其他列车信息使用。

③使用该操作建立的列车初始状态为人工车,可通过后续操作指定为计划车或头码车。

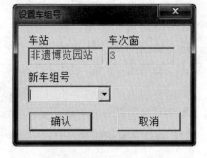

图3-48 "设置车组号"对话框

④选择"确认"将发出命令,选择"取消"则放弃操作并关闭对话框。

(2)注意事项

①若线路上的真实/模拟列车需要ATS的跟踪管理,首先需要定义列车车组号,否则系统不能对该列车进行跟踪管理。

②执行成功后,会在该列车的车次窗内显示列车的车组号。

③执行失败的话会有相应的报警提示。

2. 删除车组号

此功能用来删除位于正线或停车场/车辆段的某个列车,不管其是计划车、头码车还是人工车。正被CBTC跟踪的列车记录不能被删除。

(1)操作方法

①用户鼠标点击站场图上列车所在车次窗图标,并在出现的菜单中选择该操作项,车站、车次窗、列车车组号将被自动输入到弹出的对话框中,如图3-49所示。车组号也

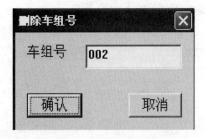

图3-49 "删除车组号"对话框

可以通过键盘手工输入。

②选择"确认"将发出命令,选择"取消"则放弃操作并关闭对话框。

（2）注意事项

①由于调度运营的需要或处理其他情形的需要,可以使用该操作来删除列车的车组号。

②执行成功后,列车的车组号被删除(同时其他的列车信息也会被删除)。

③执行失败的话会有相应的报警提示。

3. 设置计划车

此功能用来为列车指定计划运行任务,ATS 将尝试将列车作为计划列车管理。

（1）操作方法

①用户鼠标点击站场图上列车所在车次窗图标,并在出现的菜单中选择该操作项,列车车组号将被自动输入到弹出的对话框中,如图 3-50 所示。在进行此操作时,必须输入与当日行车计划相符的服务号和序列号。

②只有正线区域的列车可以应用该操作。

③选择"确认"将发出命令,选择"取消"则放弃操作并关闭对话框。

图 3-50 "设计划车"对话框

（2）注意事项

①根据运营调度的需要(如某计划车掉线回段,使用另一列车顶替其运行任务时),可以将正线区域既有的人工车、头码车或计划车执行设置计划车操作,将列车纳入该计划车的管理,以满足运营的需要。

②执行成功后,此列车将以设置的计划车的任务来运行,列车信息变为该计划车的信息。

③执行失败的话会有相应的报警提示。

4. 设置头码车

（1）操作方法

①用户鼠标点击站场图上列车所在车次窗图标,并在出现的菜单中选择该操作项,列车车组号将被自动输入到弹出的对话框中,如图 3-51 所示。

②选择"执行"将发出命令,选择"取消"则放弃操作并关闭对话框。

图 3-51 "设置头码车"对话框

（2）注意事项

①中心控制模式下,在列车到达触发轨,前方进路将会自动触发。在列车接近触发进路时,如果将列车服务号改为其他目的地并且该目的地所对应的前方进路不是当前已经排列出的进路,将会导致 ATS 自动发送取消进路命令,可能导致列车发生紧急制动。为避免这种情况,在正线运营列车运行过程中,在设定目的地时,请确认所输入的目的地不会导致取消前方所办理的进路操作。

②根据运营调度的需要,可以对人工车、头码车、计划车执行设置头码车操作来运行(如对调试车、临客等非计划车,可以设置为头码车来运行)。

③执行成功后,列车信息根据设置的信息更新,并按照头码车方式运行。
④执行失败的话会有相应的报警提示。

五、临时限速

此功能用来在线路上设置或者取消临时限速。

1. 操作方法

用户鼠标右键点击站场图上轨道或道岔的线段图形,在菜单中选择"设置临时限速",将弹出临时限速界面对话框,选中设备自动填入输入框中,作为限速的起点设备。目前可分别针对 CBTC 和 BM 来设置限速。

当只设置 CBTC 限速时,允许设置会话管理,且操作倒计时框和状态框显示,如图 3-52 所示。

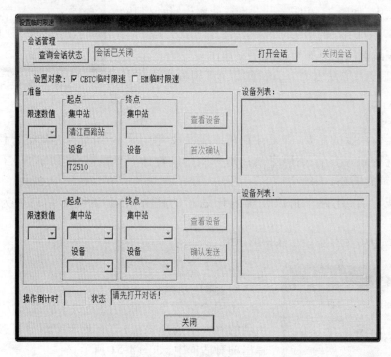

图 3-52 设置 CBTC 临时限速

当只设置 BM 限速时,不允许设置会话管理,且操作倒计时框和状态框隐藏,如图 3-53 所示。

当既可以设置 CBTC 限速又可以设置 BM 限速时,允许设置会话管理,但只针对 CBTC 限速有效,操作倒计时框和状态框隐藏,图 3-54 所示。

(1)对 CBTC 限速,对话框提示需要首先打开会话,才可进行临时限速操作。点击"打开会话"按钮,ATS 发送命令至 LC 设备,以打开会话。

(2)点击"查询会话状态",可以获得当前 LC 会话是否已被打开,以及会话持续时间的信息。

(3)如果打开会话成功,则"准备"栏的输入界面被激活,如图 3-55 所示。

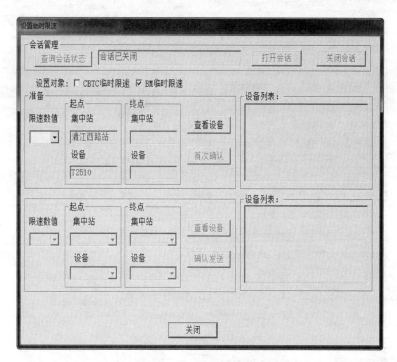

图 3-53　设置 BM 临时限速

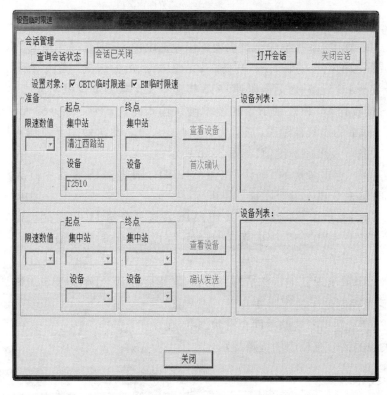

图 3-54　"设置临时限速"对话框

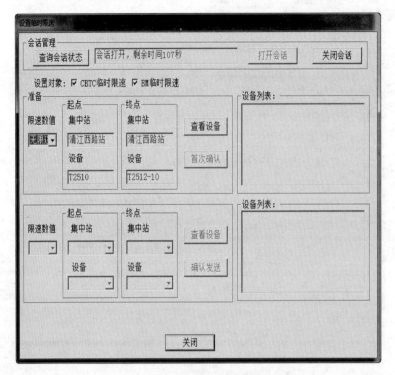

图 3-55 "准备"栏的输入界面被激活

(4) 使用鼠标右键点击站场图上的轨道或道岔图元,选中设备自动填入输入框中,作为限速的终点设备。在"速度"下拉框中选择需要的限速速度值,其中选择速度值"无限速"代表清除从起点到终点区域的已有的临时限速。输入完成后,点击旁边的"确认"按钮。对 CBTC 限速,ATS 将命令发至 LC 设备,对后备限速,ATS 将命令发至联锁下位机。

(5) 当 ATS 接收到 LC 和联锁下位机请求确认输入时,"确认"部分输入框被激活,同时"准备"部分输入框中的内容被隐藏(显示为"＊＊＊＊")。此时使用下拉输入框选择相同的起点设备、终点设备以及限速速度值,如图 3-56 所示。

(6) 输入完成后,点击旁边的"确认"按钮,对 CBTC 限速,ATS 将命令再次发至 LC 设备,对后备限速,ATS 将命令再次发至联锁下位机。

(7) 对 CBTC 限速,点击"关闭会话"按钮,ATS 发送命令至 LC 以关闭会话。当会话被成功关闭后,此时可以点击"关闭"按钮,关闭对话框,完成整个临时限速操作。

2. 注意事项

(1) 当线路故障或出现其他特殊情形,需列车限速运行时,行车调度员可以通过设置相应区域的临时限速来控制列车运行速度。

(2) 执行成功后,站场图线路界面会有状态变化。

(3) 执行失败的话会有相应的报警提示。

六、取消全线临时限速

当线路控制器 LC 重新启动后,在站场图上会自动显示一个全线临时限速,此时 ATS 自动在所有已登录调度工作站上弹出一个取消临时限速的对话框(图3-57),提醒调度员是否取消该全线临时限速,如不取消,整个线路限速25km/h。

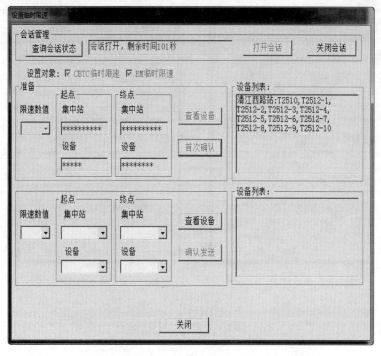

图3-56 "确认"部分输入框被激活

1. 操作方法

(1)当会话成功打开后,"准备"部分的"确认"按钮被激活,操作员可以点击此按钮,发送取消全线临时限速的操作请求,如图3-58所示。

图3-57 "取消全线临时限速"对话框

图3-58 "准备"部分被激活

(2)请求取消全线临时限速的命令被发送到LC,此时LC回复要求操作员确认,对话框上"确认"部分的"确认"按钮被显示,操作员可以点击该按钮,确认操作取消全线临时限速,如图

3-59所示。

（3）全线临时限速被成功取消后，对话框提示操作已完成，操作员点击"关闭会话"按钮，关闭会话后退出，如图3-60所示。

图3-59　"确认"部分被激活　　　　图3-60　取消全线临时限速成功

2. 注意事项

（1）线路控制器重启时，会执行全线临时限速，按照运营的需要，行车调度员可使用取消全线临时限速来解除全线限速。

（2）执行成功后，操作会话框会有成功提示，站场图界面全线临时限速按钮状态会有变化。

（3）执行失败的话会有相应的报警提示。

工作任务四　设备的维护

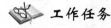 **工作任务**

（1）了解卡斯柯ATS子系统设备工作环境及网络带宽要求。
（2）掌握卡斯柯ATS子系统各硬件设备面板灯位设置及表示含义。
（3）熟悉卡斯柯ATS子系统硬件设备日常维护方法。
（4）熟悉卡斯柯ATS子系统软件基础维护要点。
（5）理解卡斯柯ATS子系统设备各类连接线及连接端子。
（6）掌握卡斯柯ATS子系统设备检修作业程序、作业标准和安全注意事项。

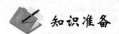 **知识准备**

一、设备工作环境及网络带宽要求

1. 工作环境要求

设备工作环境要求见表3-19。

设备工作环境要求

表3-19

设备名	设备所在地	设备型号	设备工作温度要求	设备工作湿度要求	防尘要求	防鼠患要求	备品备件存储要求	其他环境要求
显示器	信号机房	DELL E1715S	0~40℃	10%~80%（非冷凝）	保持室内整洁	洞口应有防鼠泥，门口应有防鼠板	存放温度：-20~60℃；存放湿度：5%~90%	54~106kPa，按照铁路信号机械室要求保持室内整洁即可，必须有防静电措施
显示器	中央控制室	EIZO S2233W	5~35℃	20%~80%（非冷凝）	保持室内整洁	洞口应有防鼠泥，门口应有防鼠板		74.8~106kPa，按照铁路信号机械室要求保持室内整洁即可，必须有防静电措施
工控机	信号机房	研华 IPC-610H	0~40℃	10%~85%（非冷凝）@40℃	保持室内整洁	洞口应有防鼠泥，门口应有防鼠板		70~106kPa，按照铁路信号机械室要求保持室内整洁即可，必须有防静电措施
服务器	信号机房	HP DL580 G7	10~35℃	10%~90%	保持室内整洁	洞口应有防鼠泥，门口应有防鼠板		70~106kPa，按照铁路信号机械室要求保持室内整洁即可，必须有防静电措施

2. 网络带宽要求

设备网络带宽要求见表3-20。

设备网络带宽要求　　　　　　表3-20

设备	设备个数	每个设备网口个数（深灰/浅灰/红/蓝/绿）	网络带宽要求				
			深灰网/必须/期望	浅灰网/必须/期望	红网/必须/期望	蓝网/必须/期望	绿网/必须/期望
应用服务器	2台	1/1/0/0/0	2M/10M	2M/10M			
数据库服务器	2台	1/1/0/0/0	2M/10M	2M/10M			
维护工作站	1台	1/1/0/0/1	2M/10M	2M/10M			2M/10M
时刻表编辑工作站	1台	1/1/0/0/0	2M/10M	2M/10M			
通信前置机	2台	1/1/0/0/0	2M/10M	2M/10M			
打印机	6台	1/0/0/0/0		2M/10M			
调度工作站	3台	1/1/0/0/0	2M/10M	2M/10M			

二、系统硬件设备面板灯位设置及表示含义

1.服务器

（1）ATS服务器正面灯位，如图3-61所示。

图3-61　ATS服务器正面灯位

①A：UID灯用于方便查找对应的服务器，服务器数量太多不好查找时，亮该灯位，其对应背部或前部UID灯会亮起。蓝灯，表示激活；蓝色闪烁，表示服务器被远程控制；灭灯，表示未激活。

②B：用于表示系统状态，绿灯，表示正常；琥珀色闪烁，表示系统降级；红闪，表示系统致命错误；灭灯，表示系统关闭。

③C\D\E\F表示灯：绿灯，表示网络已经连接；绿闪，表示网络连接并且正在通信；灭灯，表示没有网络连接。

（2）ATS服务器背面灯位，如图3-62所示。

①A：电源模块状态表示灯。绿灯，表示电源工作；灭灯，表示电源未工作。

②B：网络通信指示灯。绿灯，表示正在通信；灭灯，表示未通信。
③C：网络连接表示灯。绿灯，表示连接；灭灯，表示未连接。

图 3-62　ATS 服务器背面灯位

2. 磁盘阵列

(1)磁盘阵列正面灯位，如图 3-63 所示。

A：硬盘指示灯。绿灯，表示硬盘正常；黄灯，表示硬盘故障，需要进行更换。

(2)磁盘阵列背面灯位，如图 3-64 所示。

A：电源模块故障表示灯。绿色，表示正常；黄色，表示电源模块有可能发生故障。

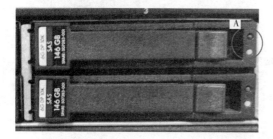

图 3-63　磁盘阵列正面灯位

图 3-64　磁盘阵列背面灯位

3. 工控机

工控机灯位，如图 3-65 所示。

(1)A：设备连接表示灯。正常情况下常亮绿灯。

(2)B：KVM 选择灯。亮起时表示对应这一路设备被选择。

(3)C：KVM 电源指示灯。常亮蓝灯。

4. KVM 切换器

KVM 切换器灯位，如图 3-66 所示。

(1)A：设备连接表示灯。正常情况下常亮绿灯。

(2)B：KVM 电源指示灯。常亮蓝灯。

图 3-65　工控机灯位

图 3-66 KVM 切换器灯位

（3）C：KVM 选择灯。亮起时表示对应这一路设备被选择。

5. ATS 机柜

ATS 机柜灯位，如图 3-67 所示。

（1）A：机柜 A 路电源指示灯。

（2）B：机柜 B 路电源指示灯。

当机柜两路电源均有电时，两路电源指示灯均亮，如果其中哪路指示灯未亮起需要检查对应的空开是否跳闸。

6. 双机切换单元

双机切换单元灯位，如图 3-68 所示。

（1）PWR：切换板电源表示灯。

（2）A：A 机主备表示灯（点亮为主机）。

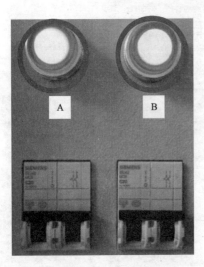

图 3-67 ATS 机柜灯位

（3）B：B 机主备表示灯（点亮为主机）。

（4）COMA：当与 A 机有通信时闪烁。

（5）COMB：当与 B 机有通信时闪烁。

（6）切换开关：可以手动切换主机至 A 机或 B 机，放到 AUTO 挡时，系统会在主机出现故障时自动倒切到另外一台。

三、设备日常维护

1. 应用服务器

（1）界面显示

应用服务器的主界面显示窗口顶部为菜单区，包括"系统""消息""视图""关于"菜单，窗口上半部分为系统状态显示区，显示当前应用服务器以及其他 ATS 设备的工作状态，如图 3-69 所示。

①主机名：本应用服务器的机器名。

②主机状态：主机，表示本服务器作为主机运行；备机，表示本服务器作为备机运行。

③远程主机名：与本服务器相连，互为主备的另一台服务器的机器名，如果另一台服务器没有开机或 ATS 应用程序没有启动，此处显示为"无"。

④远程主机状态：主机，表示另一台服务器作为主机运行；备机，表示另一台服务器作为备机运行；如果另一台服务器没有开机或 ATS 应用程序没有启动，此处显示为"无"。

图 3-68 双机切换单元灯位

⑤调度台1、调度台2等设备:连通,表示该工作站与应用服务器连接正常;断开,表示该工作站与该ATS服务器断开。

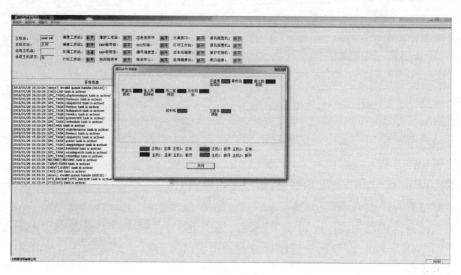

图 3-69　应用服务器界面

窗口左下角为系统信息显示区,显示ATS系统运行过程中产生的事件和告警文字信息。由于完整的事件和告警信息比较多,因此可以通过菜单配置信息显示的过滤条件,只有符合条件的信息才被显示在该显示区内。

应用服务器与车站ATS分机LATS的连接状态,如图3-70所示。

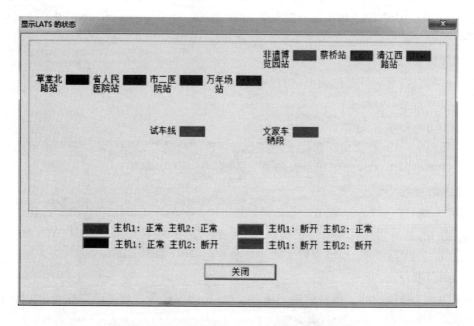

图 3-70　应用服务器与车站LATS的连接状态显示

红色:两台LATS与ATS服务器断开。

蓝色/粉红色:有且仅有一台 LATS 与应用服务器断开。

绿色:正常。

(2)日常维护

①程序关闭/启动/倒机。

程序关闭/启动/倒机需用脚本来启动和退出。

a. 正常切换方法。

ⓐ退出程序。

ⓑ重启操作系统。

ⓒ登录后手工采用脚本启动或将脚本加入自启动。

b. 快速切换方法。

ⓐ退出程序:点击程序退出菜单后,输入密码确认退出。

ⓑ运行结束程序批处理。

ⓒ检查任务管理器中程序是否遗留,若有,请杀进程(可解决对方机器由于本机有影子程序导致的不能升为主机,以及影子程序导致的外部连接异常)。

②设备重启。

重启时,应先退出备机 CATS 程序,之后重启操作系统,待操作系统运行起来后,运行 CATS 程序,然后对另一台主机机器进行相同的操作。

③日志拷贝。

此操作可以在维护员工作站上进行,点击系统"开始",点击"运行",输入"\\ip",回车。如服务器日志文件保存目录:e:\cats\alarm\,日志和回放文件可以保存 30 天,文件名为 DL_20120509_002054,其中 20120509 为日期,002054 为日志记录截止时间(00:20:54)。超过 30 天的新记录会覆盖第 1 天的记录,以此类推。

④回放拷贝。

此操作可以在维护员工作站上进行,点击系统"开始",点击"运行",输入"\\ip",回车。回放文件保存目录:e:\cats\playback\。

⑤ATS 用户管理。

ATS 系统的用户管理,包括添加、删除用户,修改用户名等,其中修改密码、配置用户类别、权限等功能都必须由 ATS 超级用户在服务器或维护员工作站的操作界面上完成。

a. 登录服务器。

选择"系统\登录"菜单项,在"登录"对话框中输入 ATS 超级用户的用户名和密码,然后按"确定"按钮,如果用户名和密码正确,登录就会成功(系统初始安装好时,ATS 超级用户的用户名是 root,密码是 root,现场项目一般会更改此超级密码)。

b. 从服务器登出。

为了防止未被授权的人员修改用户信息,进行完用户管理以后要选择菜单"系统/登出",退出登录。

c. 添加用户(维护员工作站操作)。

ⓐ选择"系统\用户管理"菜单项,弹出"用户管理"对话框。

ⓑ在对话框中点击"添加"按钮,弹出"添加用户"对话框。

ⓒ在"添加用户"对话框中输入用户的用户名、密码,选择用户类别(单选),选择允许登录的地点(多选),然后按"确定"按钮,即可添加一个新用户。

注意: 出于保证系统安全的考虑,只有超级用户才可以指定其允许登录的地点包括"主机",其他类别的用户不应指定在主机登录的权限。

d. 修改用户(维护员工作站操作)。

ⓐ在"用户管理"对话框中选中要修改的用户,按"修改"按钮,弹出与"添加用户"相似的"修改用户"对话框。

ⓑ在"修改用户"对话框中可以修改用户的密码,改变用户类别和允许登录的地点,然后按"确定"按钮,即可修改指定用户的信息。

e. 删除用户(维护员工作站操作)。

ⓐ在"用户管理"对话框中用鼠标点选要删除的用户(该行变为高亮)。

ⓑ按"删除"按钮,在随后弹出的询问对话框中选择"确定"就可删除该用户。

f. 用户信息在服务器主备机之间的同步。

ATS 系统用户信息存在数据库中,不用进行主备机之间的用户信息同步。

⑥系统参数管理。

当 ATS 系统管理员用户在维护员工作站上登录之后,可以打开系统参数管理对话框,对 ATS 系统参数进行重新配置和修改,如图 3-71 所示。

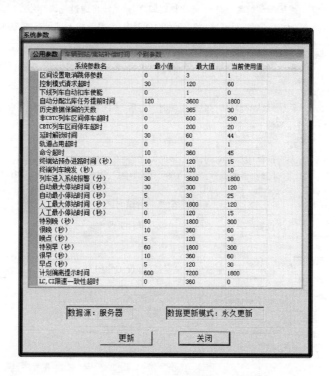

图 3-71 系统参数管理

系统参数说明,见表 3-21。

系统参数说明 表3-21

公用参数	
区间设置取消跳停参数	1表示允许区间取消跳停;2表示允许区间设置跳停;3表示允许区间设置和取消跳停
自动分配出库任务提前时间	目前系统设置值为1 800s,即在半个小时之内列车可正常匹配出入库计划
历史数据保留的天数	历史数据在维护台日志服务器中的保留天数
非CBTC列车区间停车超时	非CBTC列车占用轨道超过一定时间不发生变化后,ATS将其标记为区间停车
CBTC列车区间停车超时	CBTC列车占用轨道超过一定时间不发生变化后,ATS将其标记为区间停车
特别晚(s)	系统默认的特别晚点时间,超出该值后,系统将不对计划列车进行调整
很晚(s)	系统默认的很晚时间,超出该时间之后,系统将通过调整运行等级和停站时间对计划列车进行调整
晚点(s)	系统默认的晚点时间,超出该时间之后,系统将通过先调整停站时间再调整运行等级的方式,对计划车进行调整,当小于此时间范围后,系统将不进行调整,认为列车为准点车
特别早(s)	系统默认的特别早点时间,超出该值后,系统将不对计划列车进行调整
很早(s)	系统默认的很早时间,超出该时间之后,系统将通过调整运行等级和停站时间对计划列车进行调整
早点(s)	系统默认的早点时间,超出该时间之后,系统将通过先调整停站时间再调整运行等级的方式,对计划车进行调整,当小于此时间范围后,系统将不进行调整,认为列车为准点车
车站到站/离站补偿时间	
缺省停站时间	系统设置的默认停站时间,一般不进行更改
个别参数	
××临界区长度	进站前取消跳停有效的安全参数(起提示作用)
区间最大允许停车数 ××-××	区间列车数量限制参数

2.通信前置机

(1)界面显示

通信前置机界面,如图3-72所示。

①CLOCK Interface:通信前置机与时钟接口通信状态。

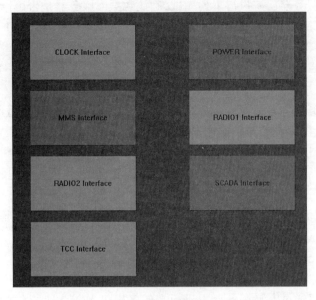

图 3-72 通信前置机界面

②RADIO Interface：通信前置机与无线接口通信状态，双通道冗余。

③SACDA Interface：通信前置机与供电分区接口通信状态。

当前通信前置机的名称、主备状态及与应用服务器主机的连接状态，如图 3-73 所示。

④当前通信前置机的名称：1 号通信服务器。

⑤当前通信前置机为主用状态，则另一台通信前置机为备用。

⑥当前通信前置机与应用服务器主机的连接状态是"连通"，显示为绿色图标，否则显示为红色图标。

（2）日常维护

①设备重启：先退出 FEP 程序，然后重启操作系统，待系统重启后运行程序。

②设备倒机：先退出备机 FEP 程序，然后重启操作系统，待系统重启后运行程序；再对另一台通信前置机做相同操作。

3. 数据库服务器日常维护

①设备重启。定期重启数据库服务器。可以两台同时重启，也可以分别单独重启。两台同时重启，在数据库服务器恢复前，数据库相关操作无法执行，正常情况下重启 30min 后可恢复正常工作；两台分别单独重启，这样可保证数据库相关操作不间断进行，先重启一台，等待本机恢复（需要 30min），然后再重启另一台（需要 30min 恢复时间）。

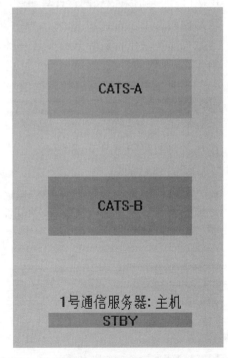

图 3-73 当前通信前置机的名称、主备状态及与应用服务器主机的连接状态

②重启数据库服务器后需执行下列测试,确认数据库服务器是否可以正常工作:

在两台应用服务器的 NetManager 中均增加服务命名 ats1 和 ats2,ats1 指向主机名 db1-vip 对应的虚拟地址,ats2 指向主机名 db2-vip 对应的虚拟地址,在测试客户端与服务端的连通情况时,不仅要测试 ats,还要测试 ats1 和 ats2(服务命名 ats1 和 ats2 配置一次即可,测试后不用删除,下次可继续使用)。

在一台应用服务器上分别使用服务命名 ats、ats1 和 ats2 测试与服务端的连同情况,若三者均测试正常,则数据库服务器是正常工作的。

③其他测试,验证 ATS 系统是否正常工作。

在数据库服务器正常工作的情况下,分别查看当天计划、当天实际图、历史当天计划、历史当天实际图、出入库计划是否可正常查看。若当天计划、当天实际图、出入库计划不可正常查看,请将应用服务器倒机或重启后再查看;若历史当天计划、历史当天实际图不可正常查看,可以换一台工作站试试或重启本工作站后再查看。

4. 双机切换单元

(1)工作原理

两台通信前置机通过安装在各自主机板上的多串口 MOXA 卡提供的 8 个 RS422 串口与双机切换单元背板的串口相连,用 STBY 板实现热备功能。正常运行情况下,两台通信前置机其中一台为主机,另一台为备机。

双机切换单元的核心是双机热备板,热备板的功能是通过主、备机间的热备口(A 端口和 B 端口)的通信来裁决两台计算机哪一台是主机,哪一台是备机,并保持主/备机之间的通信及决定何时发生主备机切换,使只有主机才能和其他外部系统实时通信,如服务器、工作站等,通过数据库实现主备机数据同步,并提供 10 个 DB9 口使外来一路输入变成两路输出分别提供给主/备通信前置机,但只有与主机相连的 DB9 口能与输入正常通信,如无线系统、时钟系统。

平时主机向热备板连续发送信号,保持主机状态不变,备机连续发送请求主、备机切换信号;只有当主机不向热备板发送信号且备机向热备板请求主、备机切换(切换开关放置在自动挡)时,主、备机才发生切换;也可以通过强制开关,强制 A 机或 B 机为主机,在热备机笼掉电或热备口故障的情况下,系统自动保持 A 机为主机使系统稳定运行。

(2)接口说明

双机切换单元共有 7 个 DB9 通信口,用于和其他系统通信接口,这 7 个 DB9 通信口可通过设置为 RS422、RS232、RS485 两线制与 RS485 四线制等异步通信方式(其中有 4 个 DB9 的通信口可设置为同步通信方式),每个通信端口的传输方式可由其他外部线缆的配线来决定。

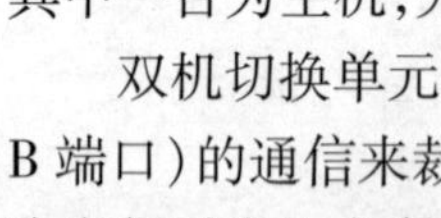

对于热备口 A 与 B,可设置为 RS232 与 RS422 通信方式,现都是采用 RS422 通信方式,其跳线设置如图 3-74 所示(设备出厂前已设置为 RS422)。

图 3-74 跳线设置

热备机笼的后面板有三块 NPCA、NPCB、STBY 区域,每个区域有 8 个 DB9 接口,NPCA 的 S1 口、NPCB 的 S1 口用于对应主备热备口输出;NPCA(S2,S3,…)、NPCB(S2,S3,…)、STBY(S2,S3,…)接口用于与其他外部系统连接,转换为 7 路 DB9 切换输出,其中 NPCA 的 S2、S3、…、S8 对应的是 A 路输出,NPCB 的 S2、S3、…、S8 对应的是 B 路输出,STBY 的 S2、S3、…、S8 对应的是外部端口输入(用于和其他系统连接),经过热备板转换成两路后的输出后,但只有主机的输出和输入连接,备路没有连接。

(3)电源板

电源板为双机热备机笼的一个供电单元,通过电源板把外部输入的 220V 交流电源转换为 5V 电源为热备机笼供电,接入电源以后,打开后面板的电源开关,前面板有电源指示"POWER"及 5A 保险丝"FUSE",电源指示灯亮为打开电源,灭灯为关闭电源或电源故障。在掉电的情况下,默认为 A 路输出。

(4)故障诊断

①开关上电后,双机热备机笼电源指示灯灭灯。

a. 检查外部引入到机柜的交流电源是否断电。

b. 检查引入到电源板的电源线是否松动。

c. 检查电源板的保险丝是否完好。

②热备板工作异常。

a. 检查机笼后面板上 A、B 端口与主、备机之间的接口线缆的物理连接。

b. 检查电源或者相关接口的内部配线。

③与其他系统接口通信异常。

检查热备机笼后面板与其他系统(如时钟)的物理接口及连线。

四、ATS 软件基础维护

1. 系统重装

当中心 ATS 服务器、ATS 工作站与 ATS 终端等发生系统崩溃,或硬盘故障时,需要重新安装并配置操作系统以及相应的 ATS 应用软件。

(1)Windows 系统重装

重新启动系统在 BIOS 里将光驱设为第一启动盘,保存设置并重启,将安装光盘放入光驱,重新启动计算机。

(2)网络防杀毒管理

ATS 系统安装有网络版防杀毒软件,其中在网络管理工作站上安装网络版防杀毒软件的服务器端,在所有其他的 ATS 工作站、ATS 终端、MMI 控显机等设备上安装网络版防杀毒软件的客户端。

系统维护人员可以定期从 Internet 上升级网络版防杀毒软件的病毒库,将下载获得的病毒数据包文件使用"干净"的软盘或 U 盘(确认没有病毒)拷贝到网络管理工作站上,并按照升级软件的提示一步步升级服务器端的病毒库。当升级完服务器端的病毒库后,所有客户端防杀毒软件将会自动更新病毒库。

(3)日常维护

因为 Windows 操作系统不是一个可以长期正常、稳定工作的操作系统,在可能的情况下,最好固定一段时间,重启一下机器。如果发现机器运行较慢,可以马上重启,如果重启后还是很慢,可能感染了病毒,可以考虑杀毒。网络管理工作站的重启不会影响整个系统的正常工作的,平时将网络监控软件 NetView 开启,可实时监控网络通道状态,及时发现单点故障。因为 ATS 系统为双机双网,当单个网络通道故障时,ATS 系统软件仍能正常工作,但维护人员应及时从 NetView 软件上发现故障并及时排除。

2. MOXA 多串口卡的配置与安装

(1) 硬件安装

每台通信前置机上采用的两块多串口卡是 Industio CP-114I MOXA 卡,采用的是 PCI 插槽,每块卡带 4 个串口,其板上跳线端子说明与解释如图 3-75 所示。

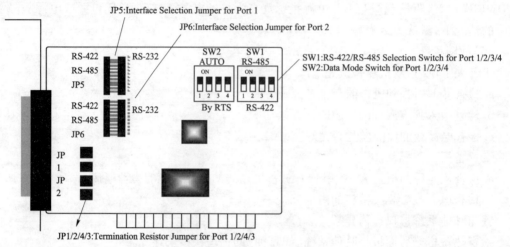

图 3-75　通信前置机 MOXA 多串口卡

对于通信前置机 MOXA 多串口卡,其接口分配见表 3-22。

通信前置机 MOXA 多串口卡接口分配　　　　表 3-22

MOXA1-串口 1	MOXA1-串口 2	MOXA1-串口 3	MOXA1-串口 4
热备口(RS422)	无线系统(RS422)	SCADA(RS422)	时钟系统
MOXA2-串口 1	MOXA2-串口 2	MOXA2-串口 3	MOXA2-串口 4
备用(RS422)	备用(RS422)	备用(RS422)	备用(RS422)

由于 MOXA CP-114 为一块多功能的串口卡(可通过跳线设置为 RS232、RS422、RS485 二线),根据设置接口分配所有串口进行设置,其他保持默认设置,然后上电安装驱动即可。

MOXA 卡的工作方式硬件设置如下。

①串口模式 1/2/3/4 的接口模式选择开关 SW1:

ON——设置通信方式为 RS485。

OFF——设置通信方式为 RS422。

②MOXA1,如图 3-76 所示。

MOXA2,如图 3-77 所示。

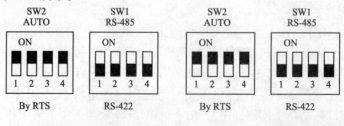

图 3-76　MOXA1　　　　图 3-77　MOXA2

（2）软件安装

由于 CP-114I 卡采用的是 PCI 插槽,置好卡插入后,开计算机电源。进入 Windows 操作系统后,自动搜索到该设备,弹出"添加/删除硬件向导——找到新硬件"页面,根据提示,如"CI-134I 的安装找到该设备驱动程序",进行安装。

3. Oracle Client 的安装

对于 ITS 系统中的 ATS 工作站、ATS 终端,还需要安装数据库 Oracle Client 软件,使用者需学习 Oracle Client 软件的安装和网络数据库服务配置。

（1）软件安装

①把标有"Oracle client for Microsoft Windows 32-bit"的光盘放入光驱中(对于中心工作站已经被禁止的光驱,需要进入 CMOS 打开)。

②打开光驱,点击"setup.exe"文件,打开 Oracle Universal Installer 界面,如果想卸载已装的 Oracle 数据库,可点击"卸载产品",对安装新的 Oracle 数据库,点击"下一步"。

③出现"选择安装类型"界面,选择安装类型,这里选择"管理员",安装管理控制台、管理工具、网络服务、实用程序和基本客户软件,如图 3-78 所示,点击"下一步"。

④系统进入"指定主目录详细信息"界面,其中名称中"OraClient11g_home1"不要改动,用户可以根据需求更改安装的基目录"Oracle 基目录",如图 3-79 所示,点击"下一步"。

⑤这时安装程序检测系统,需要几分钟时间,检测完成后,出现现在所安装软件的"摘要"窗口,直接点击"安装"。

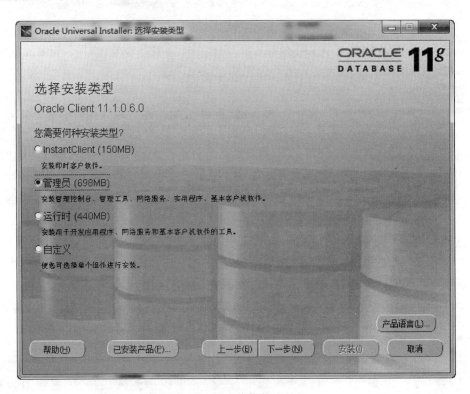

图 3-78 "选择安装类型"界面

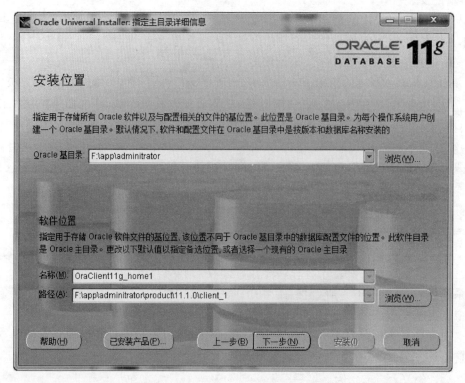

图 3-79 "指定主目录详细信息"界面

⑥系统进入安装程序的复制文件和安装窗口,这可能需要几十分钟时间,安装完成后出现"自动启动配置工具"界面,这时不必进入配置界面,点击"退出"。

(2)网络配置

①不用进入配置界面,点击"停止",再点击"退出",配置到后台数据库服务器的连接名,进行网络配置时,只需要把固定的配置文件拷到指定文件夹,打开 ATS 软件安装光盘,把光盘里的 sqlnet.ora、tnsnames.ora 拷到 C:\oracle\product\11,1,0\Client_1\network\ADMIN 目录下,就完成了对数据库的网络设置。

②然后对网络设置进行测试,查看是否可以和服务器数据库进行连接,选择"开始/程序/Oracle-OraClient11_home1/Configuration and Migration tool/Net Manager",打开 Oracle Net 配置窗口,再选择"本地/服务命名",将列出已配置好的 Oracle 远程数据连接名称,如图 3-80 所示。

③首先查看配置服务的 IP 地址和端口号是否正确,确认正确后,可以对所装的服务进行网络测试,选择所要测试的服务,点击左上角的"   "进行测试,出现"连接测试"窗口。如果提示测试不成功,表示所装的数据库客户机不能和服务器数据库连接,这时有可能是服务器的网络问题或登录用户名/密码不符(当前数据库用户名为 tcc_its,密码为 tccuser),ping 服务器的两个 IP 地址,查看是否可以 ping 通;如果提示测试成功,即完成 Oracle 11g Client 的安装。

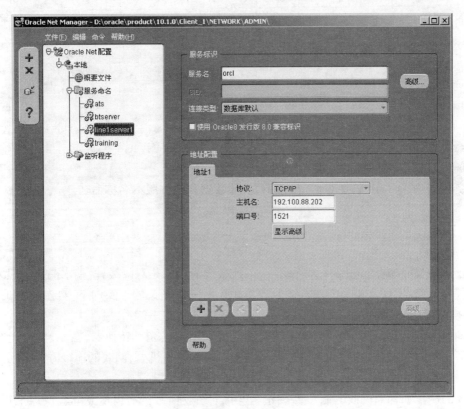

图 3-80 测试网络设置

4. 数据备份与恢复

（1）ATS 数据库备份和恢复

ATS 系统的历史运行数据包括：历史运行图、日志告警、回放数据等，在无人工备份的情况下，ATS 系统保存 30 天的历史运行数据，超过 30 天的数据将会被自动清除。

①备份数据库。

打开命令行窗口 cmd。

exp tcc_its/tccuser@ats file=d:\its_sh10_db.dmp owner=tcc_its grants=y rows=y indexes=y

文件路径 d:\its_sh10_db.dmp 可修改。

②还原数据库。

sqlplus /nolog

conn sys/casco as sysdba;

//强制删除用户。

//删除用户以及用户所有的对象，如果删除不掉，那么需要关闭与数据库连接的软件，如 cats、中心工作站的运行图。

drop user tcc_its cascade;

commit;

exit;

sqlplus /nolog

```
conn sys/casco as sysdba;
create user tcc_its identified by tccuser;
grant resource,connect,dba to tcc_its;
commit;
exit;
imp tcc_its/tccuser@ ats file = d:\its_sh10_db,dmp fromuser = tcc_its touser = tcc_its grants = y rows = y indexes = y
```

（2）历史数据备份和恢复

历史数据均保存在"软件数据"目录下,按照数据和软件版本名称命名。

五、各类连接线及连接端子

1. 网线

对于网线,两端都要做 RJ45 水晶头端子,连接线采用的是双绞线,两端水晶头一般采用一一对应关系,现在所做水晶头的八根线的连接顺序——水晶头的卡头向下,自左向右 1~8 分别为:1-橙白、2-橙、3-绿白、4-蓝、5-蓝白、6-绿、7-棕白、8-棕。

车辆段/停车场派班室终端与信号机房的连接采用的是光纤转换器,在派班室,光纤转换器输出后,直接通过网线连接到终端计算机上。在终端计算机处,网线的连接方法采用的上面介绍的一一对应关系。

线缆的制作如普通网线的制作,对于停车场/车辆段信号机房内从光纤转换器至集线器,采用的是 10Mb/100Mb 的网线交叉线,其两端水晶头的八根线连接顺序——水晶头的卡头向下,自左向右 1~8 分别为:1-3、2-6、3-1、6-2、4-7、5-8、7-4、8-5。

把网线按顺序插入水晶头以后,采用专用的压线工具进行压线,然后通过网线校对设备校对正确后,完成该网线的制作。

2. 与通信接口配线

与通信接口配线采用的是 UTP 超五类网线,通过 RJ45 端子与交换机/集线器连接,其 RJ45 端子的接线与普通网线接线一致,连接顺序——水晶头的卡头向下,自左向右 1~8 分别为:1-橙白、2-橙、3-绿白、4-蓝、5-蓝白、6-绿、7-棕白、8-棕。其引脚定义见表 3-23。

引脚定义　　　　　　　　　　　　　　　　　　　　表 3-23

引 脚	信号定义	abbr	连接线缆
1	NC		橙白
2	GND		橙
3	TX −		绿白
4	RX −		蓝
5	RX +		蓝白
6	TX +		绿
7	GND		棕白
8	NC		棕

3. 和其他系统接口

ATS 等系统与其他系统接口采用的是 RS422 接口,从 ATS 系统双机切换单元到其他系统接口均采用的 RS422 电缆交叉连接,其对照关系表为 1(TX－)4、2(TX＋)3、3(RX＋)2、4(RX－)1。

六、作业指导及设备工艺标准

1. 工艺标准

工艺标准见表3-24。

工艺标准　　　　　　　　　　表3-24

设备	周期	检修工作内容	检修工艺
ATS工作站（各MMI）	日巡检	1. 检查软件工作状态	指示灯正常,软件运行正常
		2. 检查网络状态	系统 IP 地址连接正常
		3. 检查主要设备状态栏显示	主用应用服务器显示紫色,备用服务器显示浅绿色,各工作站图标显示绿色;否则,详细记录(打印或电子存档)
		4. 确认弹出式告警	确认告警不影响运营
		5. 检查站场图各设备元素显示状态	记录设置临时限速区段情况;无车次号延迟、棕色或白色光带等异常,ZC、LC 状态灯显示绿色;否则,详细记录(打印或电子存档)
		6. 检查"详细设备状态"栏	PA、RADIO、CLOCK、ISCS、MSS 接口显示连接正常,主用状态或工作正常为绿色,备用状态为黄色,CATS 主用状态为蓝色;否则,详细记录(打印或电子存档)
		7. 检查运行图可用性	功能均正常,实际图无时间段丢失情况
		8. 检查告警记录	无异常报警;否则,详细记录(打印或电子存档)
		9. 检查与数据库连接状态	输出结果与数据库连接正常
		10. 检查音响工作状态	音响功能正常
	周检	1. 检查设备运行状态	指示灯正常,软件运行正常
		2. 检查设备外观	外观清洁无损坏,各部件紧固、连接良好无破损
		3. 设备外部清洁	清洁设备卫生
		4. 询问操作员日常操作是否异常	了解日常操作过程中的问题以便及时排除
		5. 更新杀毒软件病毒库	下载最新的病毒库,同步更新于所有服务器和工作站

续上表

设备	周期	检修工作内容	检修工艺
ATS工作站（各MMI）	月检	1.检查设备运行状态	指示灯正常,软件运行正常
		2.检查主机风扇运行状态	通风良好,无异常噪声
		3.时间同步检查	与GPS时间同步,±10s
		4.检查磁盘空间	各磁盘可用空间大于10GB
		5.日志、密码文件备份	各服务器、工作站日志齐全,密码文件为最新
		6.设备外部清洁	清洁设备卫生
		7.工作站操作系统垃圾文件整理	重启ATS工作站,工作正常
		8.硬盘进行全盘杀毒	对ATS工作站全盘杀毒
	年检	1.硬盘备份(系统、软件和数据)	备份当前正在运营中使用的最新版本
		2.设备内部板级清洁	关闭电源进行除尘
		3.设备内部部件紧固	机箱内各线缆捆绑整齐,无破损,插接头无变性破损,各个配件插接牢固,无松脱
ATS服务器	月检	1.检查机柜顶部风扇	通风良好,无异常噪声
		2.检查应用服务器工作状态	检查主、备机状态,网络状态和指示灯状态
		3.检查数据库服务器工作状态	数据库服务已启动,检查主网络状态,磁盘阵列状态,光交换机状态和指示灯状态
		4.检查FEP服务器工作状态	检查与外系统接口状态,主、备机状态,网络状态及STBY面板
		5.检查时刻表编辑工作站工作状态	检查网络状态,检查offline软件
		6.时间同步检查	与GPS时间同步,±10s
		7.检查磁盘空间	各磁盘可用空间大于10GB
		8.回放数据备份	30天回放数据齐全
		9.服务器操作系统垃圾文件整理	重启ATS服务器,工作正常
		10.硬盘进行全盘杀毒	对ATS服务器全盘杀毒
	年检	1.断电重启服务器	重启后服务器功能正常,各日志文件正常
		2.设备内部板级清洁	内部清洁无尘
		3.设备内部部件紧固	各个配件插接牢固,无松脱
		4.功能测试	ATS主要功能经测试正常可用,无异状
		5.硬盘备份	完整同步备份,并做好备份标记

2. 作业指导

（1）日巡检

①作业条件。

空气温度:室内 0~35℃;大气压力:70~106kPa。

②准备工作。

a. 作业人员:ATS 检修工当天值班人员。

b. 工器具:清洁剂、螺丝刀。

c. 劳动保护用品及其他物品:维保服、防尘鞋套(或防静电拖鞋)。

d. 资料:《信号系统维修规程》《信号系统作业指导书》。

e. 须填写的表格:"控制中心信号设备日常巡视表"。

③作业工期。

检修总用时 40min,各项作业用时分别为:

a. 设备正面背面各指示灯状态检查 10min/人。

b. 软件状态检查 2min/人。

c. 网络检查 5min/人。

d. 服务器、车站工作站主备情况查看 10min/人。

e. 设备状态栏显示查看 5min/人。

f. 工作站用户登录情况查看 2min/人。

g. 数据库服务器硬盘容量查看 2min/人。

h. 报警日志检查 2min/人。

i. 硬件检查 2min/人。

④安全注意事项及危险点控制措施。

日巡检安全注意事项及危险点控制措施见表 3-25。

日巡检安全注意事项及危险点控制措施　　表 3-25

序号	危险点	安全控制措施
1	防止尘土带入机房	进入机房穿戴鞋套或更换洁净的防静电拖鞋

⑤作业程序及作业标准。

日巡检作业程序及作业标准见表 3-26。

日巡检作业程序及作业标准　　表 3-26

序号	作业程序	标准及监督检查
1	检查软件工作状态	指示灯正常,软件运行正常
2	检查网络状态	系统 IP 地址连接正常
3	检查主要设备状态栏显示	主用应用服务器显示紫色,备用服务器显示浅绿色,各工作站图标显示绿色;否则,详细记录(打印或电子存档)
4	确认弹出式告警	确认告警不影响运营

续上表

序号	作业程序	标准及监督检查
5	检查站场图各设备元素显示状态	记录设置临时限速区段情况;无车次号延迟、棕色或白色光带等异常;ZC、LC 状态灯显示绿色。否则,详细记录(打印或电子存档)
6	检查"详细设备状态"栏	PA、RADIO、CLOCK、ISCS、MSS 接口显示连接正常,主用状态或工作正常为绿色,备用状态为黄色,CATS 主用状态为蓝色。否则,详细记录(打印或电子存档)
7	检查运行图可用性	功能均正常,实际图无时间段丢失情况
8	检查告警记录	无异常报警;否则,详细记录(打印或电子存档)
9	检查与数据库连接状态	输出结果与数据库连接正常
10	检查音响工作状态	音响功能正常

(2)周检

①作业条件。

空气温度:室内 0～35℃;大气压力:70～106kPa。

②准备工作

a. 作业人员:ATS 检修工当天值班人员。

b. 工器具:清洁剂、螺丝刀。

c. 劳动保护用品及其他物品:维保服、防尘鞋套(或防静电拖鞋)。

d. 资料:《信号系统维修规程》《信号系统作业指导书》。

e. 须填写的表格:"ATS 维护台周检"、"OCC 调度员工作站周检"。

③作业工期。

周检修总用时 44min,各项作业用时分别为:

a. 各工作站主机设备正面背面各指示灯状态检查 3min/人。

b. 大厅各工作站显示状态检查 3min/人。

c. 各工作站鼠标键盘状态检查 3min/人。

d. 设备外部清洁 10min/台。

e. 询问操作员日常操作是否有异常 5min/人。

f. 更新杀毒软件病毒库 20min/人。

④安全注意事项及危险点控制措施。

周检安全注意事项及危险点控制措施见表 3-27。

周检安全注意事项及危险点控制措施　　表 3-27

序号	危险点	安全控制措施
1	防止尘土带入机房	进入机房穿戴鞋套或更换洁净的防静电拖鞋

⑤作业程序及作业标准。

周检作业程序及作业标准见表 3-28。

周检作业程序及作业标准　　　　　　　　　　　　　　　　　　　表3-28

序号	作 业 程 序	标准及监督检查
1	检查设备外观	外观清洁无损坏,各部件紧固、连接良好无破损
2	设备外部清洁	清洁设备卫生
3	询问操作员日常操作是否有异常	了解日常操作过程中的问题以便及时排除
4	更新杀毒软件病毒库	下载最新的病毒库,同步更新于所有服务器和工作站

(3)月检

①作业条件。

空气温度:室内 0~35℃；大气压力:70~106kPa。

②准备工作。

a.作业人员:必须经过 ATS 系统维护技术培训,并经考核合格,取得 ATS 检修工上岗证方可进行该作业。月检作业时作业组人员不得少于两人,作业前由班组长指定一名责任心强、业务素质高、经验丰富、熟悉作业流程且具备高级职业技能的人员为作业负责人,负责办理作业请销点、设备检修指导与作业全过程的安全卡控。

b.工器具:作业前需带齐手持台2台及其他相关工具,并确保其使用良好。

c.劳动保护用品及其他物品:维保服、防尘鞋套(或防静电拖鞋)。

d.资料:《信号系统维修规程》《信号系统作业指导书》。

e.须填写的表格:"ATS 工作站月检"、"ATS 服务器月检"。

③作业工期。

月检修总用时 128min,各项作业用时分别为:

a.检查机柜状态 5min/人。

b.检查设备运行状态检查 10min/人。

c.各工作站时间同步检查 2min/人。

d.检查磁盘空间 2min/台。

e.日志密码回放备份 15min/台。

f.设备外部清洁 10min/台。

g.重启设备 10min/台。

h.全盘杀毒 30min/台。

④安全注意事项及危险点控制措施。

月检安全注意事项及危险点控制措施见表 3-29。

月检安全注意事项及危险点控制措施　　　　　　　　　　　　　表3-29

序号	危 险 点	安全控制措施
1	防止尘土带入机房	进入机房穿戴鞋套或更换洁净的防静电拖鞋

⑤作业程序及作业标准。

月检作业程序及作业标准见表 3-30。

月检作业程序及作业标准　　　　　　　　　　　　　　　　　　表3-30

序号	作业程序	标准及监督检查
1	检查机柜顶部风扇	通风良好,无异常噪声

续上表

序号	作业程序	标准及监督检查
2	检查设备运行状态	指示灯正常,软件运行正常
3	检查主机风扇运行状态	通风良好,无异常噪声
4	时间同步检查	与GPS时间同步,±10s
5	检查磁盘空间	各磁盘可用空间大于10GB
6	日志、密码文件备份	各服务器、工作站日志齐全,密码文件为最新
7	回放数据备份	30天回放数据齐全
8	设备外部清洁	清洁设备卫生
9	工作站操作系统垃圾文件整理	重启ATS工作站,工作正常
10	硬盘进行全盘杀毒	对ATS工作站全盘杀毒

(4)年检

①作业条件。

空气温度:室内0~35℃;大气压力:70~106kPa。

②准备工作。

a. 作业人员:必须经过ATS系统维护技术培训,并经考核合格,取得ATS检修工上岗证方可进行该作业。月检作业时作业组人员不得少于两人,作业前由班组长指定一名责任心强、业务素质高、经验丰富、熟悉作业流程且具备高级职业技能的人员为作业负责人,负责办理作业请销点、设备检修指导与作业全过程的安全卡控。

b. 工器具:作业前需带齐手持台2台、全棉毛巾2条、毛刷2把、清洁剂及其他相关工具,并确保其使用良好。

c. 劳动保护用品及其他物品:维保服、防尘鞋套(或防静电拖鞋)。

d. 资料:《信号系统维修规程》《信号系统作业指导书》。

e. 须填写的表格:"ATS工作站年检"、"ATS服务器年检"。

③作业工期。

年检修总用时210min,各项作业用时分别为:

a. 服务器年检100min/台(不含硬盘备份)。

b. 工作站年检80min/台(不含硬盘备份)。

c. 硬盘备份30min/块硬盘。

④安全注意事项及危险点控制措施。

年检安全注意事项及危险点控制措施见表3-31。

年检安全注意事项及危险点控制措施　　　　表3-31

序号	危险点	安全控制措施
1	把尘土带入机房	进入机房穿戴鞋套或更换洁净的防静电拖鞋
2	设备内部清洁工作污染机房环境	设备内部清洁工作,应将主机从机柜中拆卸下来,带至设备房外合适的地点进行,防止清洁工作中产生的灰尘污染机房环境

续上表

序号	危 险 点	安全控制措施
3	细小零配件散落主机内部,短路工作板卡	关闭主机盖前,仔细检查,确认无散落小物件后方可加盖、插线、上电
4	接打电话,谈论与检修无关内容,忽略检修过程中的异常现象,导致故障或不良影响	检修过程中,检修人员不得接打电话或对讲手持台,谈论与检修无关的内容,直到检修完毕,因检修需要,可使用手机或手持台联系检修相关事宜

⑤作业程序及作业标准。

年检作业程序及作业标准见表3-32。

年检作业程序及作业标准　　　　表3-32

序号	作 业 程 序	标准及监督检查
1	硬盘备份(系统、软件和数据)	备份当前正在运营使用的最新版本
2	设备内部板级清洁	关闭电源进行除尘
3	设备内部部件紧固	机箱内各线缆捆绑整齐,无破损,插接头无变性破损,各个配件插接牢固,无松脱
4	功能测试	主要功能测试,正常可用无异状

工作任务五　故障诊断及处理

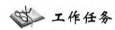

(1)了解卡斯柯 ATS 子系统设备故障处理原则。
(2)熟悉卡斯柯 ATS 子系统几种常见故障的处理方法。

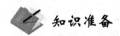

一、故障处理原则

(1)ATS 系统发生故障时,首先提醒调度员将相应车站转入站控或紧急站控模式。

(2)ATS 发生单点故障时,不要轻易切换应用服务器和通信服务器,不要轻易重启交换机等网络设备,否则容易扩大故障影响范围。

(3)日常巡视时发现备用机器或者备用通道故障时,虽然暂时不影响使用,但必须立即处理。

二、几种常见故障的处理方法

1. ATS 应用服务器故障

正常情况下,应用服务器在界面系统状态栏显示本机主备机状态和对方机的主备机状态,同一时间只有一台应用服务器为主机,另一台为备机,状态栏下方的信息窗口中以正常滚动速度显示一般的提示信息。

如果出现双主机或者双备机的异常情况,则选择退出一台的程序(首先登录,用户名 root,密码 root);若故障依然存在,则再退出另外一台程序,然后再启动。若启动后故障依然存在,应立即退出该机程序,进行人工倒切到另一台做主机。

如果主机故障程序没有退出,备机无法升主机,调度界面显示卡机,此时,需要及时手动关闭主机的应用程序;如果是备机故障,此时不影响使用,但也需立即进行处理。

2. 中心通信中断

如果各调度台上车站信息全部中断,包括运行图,首先检查 ATS 应用服务器工作状态。如果工作不正常(如死机或者双主双备),则进行 ATS 应用服务器的主备切换或者重新启动;如果工作正常但车站连接状态全部中断,则检查 ATS 应用服务器的网线以及网卡状态,确认本机无故障后转入网络故障流程处理。

如果中心全部工作站(包括大屏)表示不刷新,并且中心和车站连接状态正常,则需立即进行应用服务器倒机,以恢复故障。

3. 大屏通信中断

如观察到大屏失去所有车站的表示和车次号,但维护工作站及调度员工作站上表示正常,首先重新启动大屏工作站软件,如果故障依然存在,则可能是网络故障,检查与服务器的网络连接(ping),并且检查机器时间与服务器是否同步(ATS)。如果网络不通,则转至网络故障流程处理;如果时间错误,则转至时间同步故障流程处理。必要时重新启动大屏计算机,如果故障依然存在,则可能是应用服务器故障,转至应用服务器故障流程处理。

如观察到大屏失去所有车站的表示和车次号,同时维护工作站及调度员工作站也发生中断,则可能是服务器故障(转至应用服务器故障流程处理)或网络故障(转至网络故障流程处理)。

4. 单台调度员工作站故障

如观察到站场图信息中断,则可能是与服务器连接故障,首先检查设备状态栏服务器工作状态。如果正常,则重新启动并登录当前调度台程序;如果中断,则检查与服务器的网络连接(ping),并且检查机器时间与服务器是否同步(ATS)。如果网络不通,则转至网络故障流程处理;如果时间错误,则转至时间同步故障流程处理。必要时重新启动调度台计算机,如果故障依然存在,则可能是应用服务器故障,转至应用服务器故障流程处理。

如果站场图信息正常,但运行图紊乱或者操作异常,则应重新启动并登录调度台程序。如果故障依然存在,则可能是 ATS 应用服务器故障,转至应用服务器故障流程处理。

5. 无法下载运行图

接到故障通知,到现场了解过程,记录故障现象,按照以下步骤处理故障:首先在维护台或者调度台上尝试下载当天计划,如果尝试失败并且可 ping 通数据库服务器,则分别在工作站和应用服务器进行数据库连接测试"sqlplus tcc_its/tccuser@ ats";若均测试失败,则可以尝试重启数据库服务器。如 ping 不通数据库服务器,则可能为网络故障,还可以用命令 sqlplus/nolog,tcc_its/tccuser@ ats 对数据库服务器进行连接测试;如显示无法连接或者是连接超时,则可以判断是数据库故障,需要重启数据库服务器。如测试成功,可以下载历史计划图。如果历史计划图可以下载成功,故障点可以定位为应用服务器,则需要进行应用服务器倒机操作。

6. 维护员工作站无法回放或远程访问文件

实现回放或远程访问文件，必须启动三个服务：Computer Browser、Server、Workstation。查看维护员工作站及应用服务器上这三个服务（控制面板—管理工具—服务）是否已处于启动状态，如处于停止状态，则需手工启动该服务，并把启动类型设为自动。然后查看应用服务器的回放文件夹是否共享。

7. 数据库服务器故障

正常情况下，两台数据库服务器以冗余方式工作，其中一台故障不影响系统正常运行，如果发现多次车次号自动换号失败，则可能发生双数据库服务器故障。首先在维护台上或调度台上尝试下载当天计划，如果尝试失败并且可 ping 通数据库服务器，则分别在工作站和应用服务器进行数据库连接测试"sqlplus tcc_its/tccuser@ ats"；若均测试失败，则可以尝试重启数据库服务器。如无法 ping 通数据库服务器，则可能为网络故障，转至网络故障处理流程（如果确定数据库服务器宕机，此时 CATS 服务器不要退出，退出了就无法启动）。

8. 通信前置机故障

通信前置机界面显示了主备机状态，正常情况下，同一时间只有一台通信前置机为主机，另一台为备机，且主备机通信正常。如果出现双主机或者双备机的异常情况，则选择退出一台的程序。如果故障依然存在，则再退出另外一台程序，然后再启动。如果启动后故障依然存在，应立即退出该机程序，进行人工倒切到另一台做主机。

如果观察到与外部接口的通信中断，首先通过双机切换单元进行人工倒切到另一台做主机，如果故障依然存在，转到外部接口故障流程处理。

如果观察到与 ATS 应用服务器的通信中断，首先检查与服务器的网络连接（ping），如果网络不通，则转至网络故障流程处理。如果故障依然存在，则可能是应用服务器故障，转至应用服务器故障流程处理，必要时重新启动通信前置机计算机。

9. 网络故障

(1) 单点网络故障

① 排除物理故障。

正常情况下，机器后的网卡指示 LINK 灯常绿，ACT 灯闪绿；交换机对应端口的 LINK 灯常绿或者闪绿；出现其他情况，如灭灯、黄灯、红灯则表示物理连接故障，需要检查网线接插，必要时更换备用网线。

② 排除系统设置故障。

对于 Windows 操作系统，打开"控制面板"的"网络连接"，检查网卡设置状态，在 cmd 窗口中运行 ipconfig 命令可以查询 TCP/IP 设置状态，应该能查到每块网卡的 IP 设置，如果没有列出网卡，则表明网卡被"禁用"，或者物理连接有问题。

③ 用 ping 命令检测局域网连通质量。

在 cmd 窗口中运行 ping a,b,c,d -t

其中，a,b,c,d 是局域网中无故障的机器地址，如果发生丢包现象，则进一步检查网线接插，必要时更换备用网线。

④ 涉及远程终端设备的，排除以上故障可能后问题依然存在，应立即联系 DCS 系统和数传系统相关人员。

（2）网络全面故障

①交换机故障。

检查交换机的工作状态，包括前后面板的各种指示灯，如果发生全灭，则可能是供电问题，或者被他人意外关机。检查电源后开机试验，如果指示灯全闪或者出现其他异常情况，则重新开机（关机等2min后开机）再试，如果重新开机后还不能恢复，则彻底关机，完全切换到另外一台交换机。

②由网络广播风暴导致的全面故障。

这种故障在交换机上表面看起来基本正常，但是终端之间时通时断，ping丢包严重或者时延严重，出现这种故障时可以采用一根一根地拔出交换机的网线，如果拔出某根后故障消失，则这根网线连接的终端有问题（比如病毒）或者这根网线构成了环，顺藤摸瓜可以查出原因。

10. 时间同步故障

ATS系统依赖统一的时间源，但如果任何两台设备之间时间不同步，但不影响设备的主要功能正常运作，则在每天运营结束后再进行时钟的统一调整。

正常情况下ATS时间与时钟系统的时间一致，如果发现ATS时间异常，首先检查ATS通信服务器与时钟接口是否正常。如果中断，则转到外部接口故障流程处理，如果正常，则可能发生ATS系统内部时间同步异常，可以使用以下手段直接同步：

（1）在Windows XP/2008/7系统下查看服务"windows time"是否处于启动状态，如处于停止状态，则需手工启动该服务，并把启动类型设为自动，禁止同步Internet服务器，会修改注册表，造成同步故障。

（2）在LATS系统下运行# ntpupdate cats-ip-address，其中cats-ip-address是ATS应用服务器的IP地址，如果成功，则提示一行英文，包含一个纠正的时间差。

（3）如果以上不成功，则可能时间源（应用服务器或者通信前置机）故障，或者网络通信中断，必要时可以手工修改时间，但必须精确。

如果时钟系统的授时功能发生故障，必须立即联系时钟系统解决，同时断开通信前置机与时钟系统的接口。

人工调整ATS系统内设备的时间有可能导致网络通信故障，应通知厂家，由技术人员电话支持或者赴现场处理。

11. 外部接口故障

（1）ATS-时钟系统接口故障

系统能自动降级切换至1级时钟同步，不影响正常运营，待当天运营结束后再处理故障，转至时间同步故障。

（2）ATS-综合监控系统接口故障

将主要影响综合监控功能，综合监控系统发送给ATS的SCADA信息也将不再在ATS上有效显示；联系双方技术人员尽快查明原因，恢复故障。

（3）ATS-无线接口故障

将有可能影响无线电调无法正常与列车通信，联系双方技术人员尽快查明原因，恢复故障，故障期间启动备用联系方式。

(4) ATS-PIS 系统接口故障

将有可能影响 PIS 无法正常显示,联系双方技术人员尽快查明原因,恢复故障。

(5) ATS-广播系统接口故障

将有可能影响广播系统无法正常显示,联系双方技术人员尽快查明原因恢复故障。

(6) ATS-DTI 接口故障

个别站的 DTI 显示故障,并不影响全线的运营和调度,及时通知车站值班人员检查是否由 DTI 硬件故障引起。

ATS-DTI 接口故障按照以下步骤处理:检查室外发车表示器的电源是否正常,电源不正常需要检查电源屏跟室外的连接,如果正常则检查室内发车表示器的接口程序卡死情况,有卡死则需要重启发车表示器接口程序,若无卡死则再检查室内串口连接和信息线的连接,若接触不好,需要重新做串口线,若串口线正常,再检查室外发车表示器的主板是否有损坏,若有损坏则更换发车表示器主板。

思考与练习

1. 卡斯柯信号系统中心设备主要由哪些设备组成?
2. 应用服务器、通信前置机的主要功能分别是什么?
3. 服务器和工作站的检修周期分别是多长?
4. 简述卡斯柯 ATS 子系统人机界面站场图中道岔防护、正线出站、车辆段内列车信号机的各种显示和含义。
5. 简述卡斯柯 ATS 子系统人机界面站场图中道岔线段图形的显示颜色和含义。
6. 简述卡斯柯 ATS 子系统人机界面站场图中列车识别号的显示颜色和含义。
7. 卡斯柯 ATS 人机界面上执行命令的实现方式有哪几种?
8. 站控和中控模式转换的实现方式有哪几种?
9. 说明卡斯柯 ATS 人机界面道岔单操的操作方法和注意事项。
10. 说明卡斯柯 ATS 人机界面关于临时限速的操作方法和注意事项。
11. 说明卡斯柯 ATS 服务器正面面板灯位设置及表示含义。
12. 简述卡斯柯控制中心信号设备月检修作业程序及作业标准。
13. 卡斯柯 ATS 子系统设备故障处理的原则有哪些?
14. 说明卡斯柯 ATS 应用服务器故障的处理方法。

项目四　浙大网新中心信号设备

项目描述

以成都地铁1号线为例,学习浙大网新ATS子系统中心信号设备的组成、功能、基本操作、维护及常见故障处理。

教学目标

(1)熟悉浙大网新ATS子系统设备的组成及功能。
(2)熟悉浙大网新ATS子系统人机界面的显示内容和含义,以及有关操作方法。
(3)熟悉浙大网新ATS子系统硬件维护要点。
(4)熟悉浙大网新ATS子系统软件维护要点。
(5)熟悉浙大网新ATS子系统故障处理程序及常用方法。

工作任务一　系统设备组成及功能

工作任务

(1)了解浙大网新ATS子系统运行环境。
(2)熟悉浙大网新ATS子系统构成。
(3)熟悉浙大网新ATS子系统主要设备功能。

知识准备

一、系统概述

1. 运行环境

(1)ATS服务器和工作站均运行LINUX REDHAT 7.0操作系统。
(2)数据库服务器使用Oracle 11g数据库软件。

2. 网络构成

中央ATS系统、区域控制器(ZC)、数据存储单元(FRONTAM)、远程ATS车站工作站和数据通信子系统(DCS)间的通信,由配置为主/备模式的冗余的以太网(LAN)完成。LAN通过远程光缆设备和网络复用设备与每个远程节点通信。网络复用设备(包括冗余的接入交换机、骨干交换机等)安装在中央控制室、车辆段、每个远程ATS车站子系统和其他DCS子系统。

3. 性能参数

(1) 现场信息中心显示时间

现场状态变化到控制中心 ATS 界面显示的时间不超过 1s。

(2) 控制命令至现场执行的时间

从 ATS 下达指令至现场设备接收到指令开始执行的时延不大于 1s。

(3) 连续无故障运行时间

ATS 系统应能满足 144h 连续无故障运行的要求,并满足整个信号系统的 RDT (Reliability Determination Test,可靠性验证测试)要求。

(4) 热备切换性能

热备切换时间不影响设备工作的连续性。

二、系统设备组成

浙大网新 ATS 系统的组成,如图 4-1 所示。

(1) 中央控制室。

2 台行车调度工作站;1 台总调度工作站;1 台网络单色打印机,用于打印故障报表。

(2) 中央信号设备室。

2 台互为冗余的主机服务器;2 台互为冗余的通信服务器;2 台互为冗余的数据库服务器;1 台接口服务器;2 台 8 口终端服务器;1 台系统管理员工作站;1 台大屏显示工作站;1 台大屏接口计算机。

(3) 计划运行图编辑室:

1 台运行图/时刻表编辑工作站;1 台网络彩色打印机,用于打印报告和列车运行图。

1. 主机服务器

负责全线的 ATS 系统功能,包括列车追踪、自动调度、自动进路、自动列车调整和控制请求确认等。此外,还提供与时钟系统的接口。全部功能如下:

(1) 正线/停车场/车辆段联锁上传的数据处理。

(2) 轨旁和车载 ATP/ATO 设备传送数据的处理。

(3) 全部线路包括停车场/车辆段的列车追踪处理和管理。

(4) 列车编组管理的后台处理。

(5) 联锁信号设备中控操作的后台处理。

(6) 列车控制操作的后台处理。

(7) 自动调度和自动调整功能的后台处理。

(8) 生成列车出入库预告。

(9) 在线时刻表/派班计划操作的后台处理。

(10) 用户管理功能的后台处理。

(11) 告警/事件信息管理功能的后台处理。

(12) 历史数据(告警时间日志、历史运行图、回放数据)记录。

(13) 汇总管理 ATS 系统内各设备的工作状态数据,并发送给相应的维护接口。

(14) 提供时钟接口。

中心信号设备检修

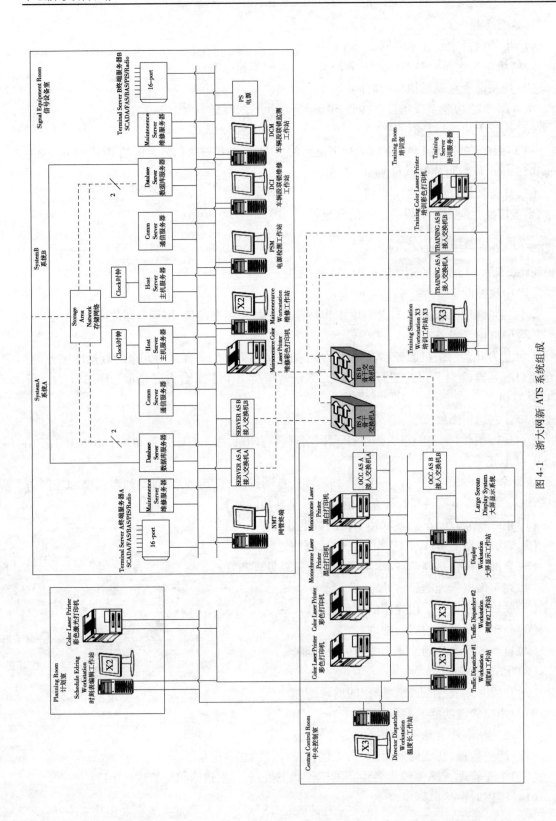

图 4-1 浙大网新 ATS 系统组成

2. 中心工作站

ATS 人机接口客户端,实现中心 ATS 功能操作的各项用户界面。根据登陆用户角色的不同,ATS 工作站界面会作出调整,开放相应的操作权限。

该软件分为站场管理和在线运行图管理两个模块,分别为两个进程。功能如下:

(1)接收主机服务器发出的站场显示信息并显示。
(2)接收主机服务器发出的列车信息并显示。
(3)接收主机服务器发出的外部接口信息并显示。
(4)提供列车管理的用户界面。
(5)提供信号设备中心操作的用户界面(停车场及车辆段不具备信号操作功能)。
(6)提供列车控制中心操作的用户界面。
(7)提供自动调度/自动调整人工管理的用户界面。
(8)提供在线时刻表管理的用户界面。
(9)提供告警/事件显示、确认、删除、过滤的用户界面。
(10)提供告警/事件历史分析的用户界面。
(11)调用报告查询软件的用户界面。
(12)提供用户登录/退出/管理自身密码的用户界面。
(13)提供维护员进行 ATS 数据备份界面。
(14)调用回放软件用于历史回放。

3. 时刻表编辑工作站

提供在离线状态下对系统使用的参考行车计划进行管理功能,直接连接到 Oracle 数据库,对数据库内的基本计划数据进行操作。功能如下:

(1)本地编辑运行等级(站间运行时间)数据。
(2)新建/修改本地基本计划数据。
(3)基本计划打印。
(4)基本计划查询。
(5)基本计划有效性检查。
(6)上传/下载运行等级(站间运行时间)数据。
(7)上传/下载基本计划数据。
(8)删除数据库内的基本计划。
(9)根据配置参数辅助自动生成基本计划数据。
(10)从 Excel 文件导入基本计划(此功能需由第三方软件配合实现或指定文件格式)。

4. 通信服务器

运行与外部系统通信的软件,通过接口服务器与外部系统进行通信。通信服务器通过接口服务器处理所有从外部系统接收的数据,并通过接口服务器向外部系统发送其所需数据。CBTC 其他的子系统接口包括 Microlok、DSU/FRONTAM、ZC、CC、时钟(通过主机服务器处理)以及 DTI(通过 SCC 处理)。功能如下:

(1)实现与无线系统的接口。
(2)实现与联锁 Microlok 的接口。

(3)实现与综合监控 ISCS 的接口。
(4)实现与数据存储单元 DSU/FRONTAM 的接口。
(5)实现与区域控制器 ZC 的接口(通过数据存储单元 DSU/FRONTAM)。
(6)实现与车载控制器 CC 的接口(通过数据存储单元 DSU/FRONTAM)。
(7)实现与发车计时器 DTI 的接口(通过车站计算机 SCC)。

5.数据库服务器

持续存储接收到的事件、ATS 用户控制请求、ATS 自动控制请求、报警等信息,并为用户生成包含所有这些数据的报告。

6.接口服务器

提供与其他 CBTC 子系统和外部系统间的接口和协议转换,经过协议转换后分别发送给各个外部系统。外部系统接口包括 DTI、无线、PIS、ISCS 等。ATS 和外部系统间若为串行连接,将通过终端服务器提供网络连接,并在 ATS 和外部系统之间传送数据。接口服务器为外部系统提供了两种连接方式。

(1)网口:在 OCC 提供网络交换机进行接口。例如,ISCS。
(2)串口:在 OCC 和每个车站通过终端服务器进行接口,终端服务器一端通过网口连接 DCS 网络,另外一端提供外部系统所需的串行接口。例如,无线、发车计时器(DTI)等。

7.大屏接口计算机

大屏接口计算机与主机服务器连接,实现将 ATS 信息显示到大表示屏上的功能。功能如下:
(1)与主机服务器连接,获得站场图显示信息。
(2)将站场图显示信息转换为指定格式发送到大表示屏。

工作任务二　信号设备人机界面显示

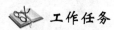

(1)熟悉浙大网新 ATS 子系统工作站界面显示。
(2)熟悉浙大网新 ATS 子系统轨道图界面显示。
(3)熟悉浙大网新 ATS 子系统界面中图标显示含义。

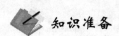

一、工作站界面显示

ATS 工作站人机界面主要包括调度员工作站、车站的 ATS 工作站和 LCW 工作站,主要用于控制和获取列车、设备运行状态信息。默认显示在显示器屏幕上的有轨道图窗口、操作请求堆栈、报警队列。
(1)轨道图窗口,如图 4-2 所示。
(2)操作请求堆栈,如图 4-3 所示。

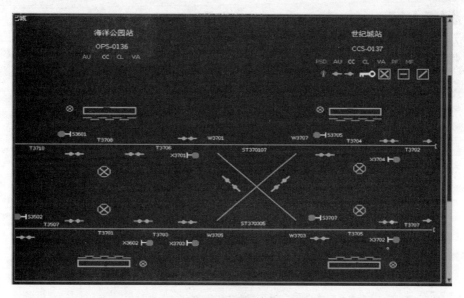

图 4-2　轨道图窗口

图 4-3　操作请求堆栈

（3）报警队列，如图 4-4 所示。

图 4-4　报警队列

二、轨道图界面显示

轨道平面图描述轨道状态和所有信号系统设备并显示当前位置和轨道列车号。总览和详细的轨道图形享有一套共同的符号，这些符号可分为两类：动态符号和静态符号。动态符号根据状态的改变而改变颜色。静态符号不改变颜色，因为它们没有与之相关的状态变化。

1. 静态符号含义

(1) 站名图例及含义,如图 4-5 所示。

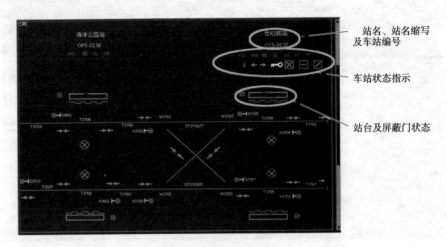

图 4-5 站名图例及含义

注:站名缩写为英文名缩写,车站编号为线路号 + 车站编号。

(2) 车站状态图例及其含义,如图 4-6 所示。

图 4-6 车站状态图例及含义

车站状态的指示是按照当前的状态实时显示的,所以显示的图标各种情况下数量和信息内容都会不同,例如 AU 和 MN 状态,当车站是手动进路模式时候,会显示图标 MN,而如果车站设置成了自动进路模式,那么 MN 就会被 AU 所取代。

车站状态指示见表 4-1。

车 站 状 态 指 示   表 4-1

信息项		图例	稳定显示(左图所示颜色图例)	闪烁显示(左图所示颜色图例)
PF	红	PF	收到电源故障报警	—
	灰	PF	未收到电源故障报警	—
MF	红	MF	收到联锁故障报警	—
	灰	MF	未收到联锁故障报警	—

续上表

信息项		图例	稳定显示(左图所示颜色图例)	闪烁显示(左图所示颜色图例)
PSD	红	 PSD	收到屏蔽门联锁故障报警	—
	灰	PSD	未到屏蔽门联锁故障报警	—
⏻	黄	 ⏻	收到信号灯灯丝熔断报警	—
	灰	 ⏻	未收到信号灯灯丝熔断报警	—
 ●—●—●	黄	 ●—●	在IBP盘上操作计轴预复位成功	—
	灰	 ●—●	未在IBP盘上操作计轴预复位	—
AU	绿	 AU	自动进路模式	—
MN	红	 MN	手动进路模式	—
CC	白	 CC	中心控制	请求中央控制
LC	黄	 LC	本地控制	请求车站控制
EL	红	 EL	紧急本地控制	请求紧急本地控制
CL	绿	 CL	通信正常	请求重连接
DL	红	 DL	通信中断	请求断开连接
VA	绿	 VA	启用"验证请求"	请求启用"验证请求"
BV	红	 BV	启用"取消验证"	请求启用"取消验证"

续上表

信息项		图例	稳定显示（左图所示颜色图例）	闪烁显示（左图所示颜色图例）
	灰		未无人驾驶折返	—
	白		无人驾驶折返	
	红		LCW 与 ATS 的切换开关故障	
	白		ATS 控制	—
	黄		LCW 控制	
	灰		未启用：自动折返—直进弯出	—
	白		已启用：自动折返—直进弯出	请求启用：自动折返—直进弯出
	灰		未启用：自动折返—弯进直出	—
	白		已启用：自动折返—弯进直出	请求启用：自动折返—弯进直出
	灰		未启用：自动折返（自动,侧线优先）	—
	白		已启用：自动折返（自动,侧线优先）	请求启用：自动折返（自动,侧线优先）

(3)站台及屏蔽门状态图例及其含义。

站台和屏蔽门状态指示见表 4-2。

站台和屏蔽门状态指示 表4-2

信息项		图例	稳定显示(左图所示颜色图例)	闪烁显示(左图所示颜色图例)
站台	灰		没有列车占用或有车占用，车门未开	—
	绿		有车，且车门打开	—
	黄		下一站跳停，或者有屏蔽门报警，此时需要点击出站台概要表查看	—
屏蔽门	灰		正常，关闭	—
	绿		正常，打开	—
	黄		互锁解除	—
	红		故障	—
扣车指示灯	黄		本地执行了扣车	—
	灰		本地未执行扣车	—
紧急停车指示灯	红		本地设置紧急停车	—
	灰		本地未设置紧急停车	—
	加红框		已经添加了一个设备标签	正在请求添加一个设备标签

2. 动态符号

(1) 轨道区段

轨道平面图表示线路轨道部分，轨道区段改变颜色和外观分别表示有效进路、始端信号机开放、轨道封锁和相关的请求、设备标签状态，如图4-7所示。

轨道区段的显示，见表4-3。

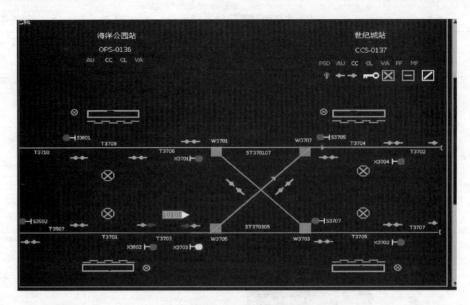

图 4-7 轨道平面图

轨 道 区 段 显 示　　　　　　　　　　　表 4-3

图例	稳 定 显 示	闪 烁 显 示
	默认状态	—
	轨道在进路中,并且始端信号未开放	—
	轨道处于有效进路或移动授权范围中,并且始端信号开放或 CBTC 下获得授权	—
	轨道被封锁	请求轨道被封锁或解封
	有车占用	—
	轨道有一个附加的设备标签	正请求添加一个设备标签

(2) 道岔

道岔标识改变颜色和外观分别表示其位置、激活的进路状态、道岔通信状态、始端信号机状态、道岔锁闭状态、设备标签状态和最后请求的位置。

道岔区段的显示,见表 4-4。

轨道区段的显示　　　　　　　　　　　表 4-4

图例	稳定显示(左图所示颜色图例)	闪烁显示(左图所示颜色图例)
	道岔在定位或在某一有效进路内,始端信号开放	道岔在转动过程中
	道岔处于进路中并有列车占用,或计轴故障	道岔失去表示

续上表

图例	稳定显示（左图所示颜色图例）	闪烁显示（左图所示颜色图例）
	道岔所属轨道区段被封锁	道岔所属轨道区段被封锁或正在请求封锁
	道岔在反位	道岔在转动过程中
	道岔有一个附加的设备标签	正请求添加一个设备标签

封锁后的道岔上会有一个正方形的色块，具体的显示含义见表4-5。

色块的显示含义　　　　　　　　　　　　　　　　表4-5

图例	稳定显示（左图所示颜色图例）	闪烁显示（左图所示颜色图例）
	道岔锁闭	—
	道岔单锁	请求道岔封锁或解除封锁，道岔已单锁
	—	请求道岔单锁，道岔未锁闭

（3）信号机

信号机标志改变颜色分别表示退出锁闭状态、设备标签状态、自动进路状态、停站命令状态、清除命令状态、引导命令状态、指示状态、始端信号机状态、时间锁闭状态、进路状态和一些其他情况。

信号机的显示要拆分成：信号机整体、信号机柱、信号机灯位。

信号机柱的显示，见表4-6。

信号机柱的显示　　　　　　　　　　　　　　　　表4-6

图例	稳 定 显 示	闪 烁 显 示
	默认状态	—
	自动开放信号启动	请求启动或关闭自动开放信号
	—	信号机为可选终端信号，机柱的形状变为三角形

信号机灯位的显示，见表4-7。

信号机灯位的显示　　　　　　　　　　　　　　　　表4-7

图例	稳 定 显 示	闪 烁 显 示
	信号被指定为关闭，并显示为关闭	信号机正显示为开放时，被要求或被指定为关闭
	信号机被指定为开放并正显示为开放	信号机正显示为关闭时，被要求或被指定为开放
	信号机被指定为开放，并进路中道岔为反位	—
	信号机被指定为引导且正显示为引导	信号机正请求引导

CBTC下,信号机灯位图例是一个稳定灰色中含有一个三角,根据三角颜色的不同和是否闪烁,其含义也不同,见表4-8。

信号机灯位图例　　　　　　　　　　　　　　　　　　　　表4-8

图例	稳定显示	闪烁显示
▶	信号机被指定为开放且在CBTC下正显示为获得授权(前方信号机灭灯,进路锁闭,但信号未开放)	—
▶	信号机被指定为开放且在CBTC下正显示为开放(前方信号机灭灯,进路锁闭,信号开放)	信号机正显示为CBTC状态时,被指定为开放
▶	信号机被指定为关闭且在CBTC下正显示为关闭	信号机正显示为CBTC状态时,被要求或被指定为关闭
⊗	信号机显示要求停车,站台扣车有效	—
T	信号关闭并开始计时	—

信号机整体,见表4-9。

信号机整体　　　　　　　　　　　　　　　　　　　　　表4-9

图例	稳定显示	闪烁显示
┣━┫	信号机终端锁闭启动	信号机正请求启动或关闭信号终端锁闭
┣━┫	信号机有一个附加的设备标签	正请求添加一个设备标签

(4) 列车图标

轨道平面图表示为一个合成符号的列车,包括方向箭头和一个有跟踪号的长方形。列车标志改变颜色和外观指示列车模式、列车故障情况、非服务状态、通信状态、报警状态、可释放的保持状态、故障状态、列车失踪情况、时刻表延误状态和方向。方向箭头表示列车的运行方向。方向箭头和有跟踪号的长方形都有不同的颜色表示,现在分别介绍它们不同颜色代表的含义。

注意:一般情况下长方形部分的整个背景是彩色的,具体颜色根据不同情况确定,TID文字显示颜色为黑色。

有跟踪号的长方形的显示,见表4-10。

有跟踪号的长方形显示　　　　　　　　　　　　　表 4-10

图例	稳 定 显 示	闪 烁 显 示
◁12345	同一个计轴区段内有多于一辆的列车(一般情况下不会出现,列车救援的时候可能出现)	—
◁12345	列车正在运行;列车正在 ATO+ATP 模式下运行	—
◁12345	故障列车;列车在 ATP 模式下人工运行	—
◁12345	列车处于非运营状态;列车停止运营	—
◁12345	故障列车;列车无法进行通信	列车丢失,出现弹出窗口,确认关注丢失列车
◁12345	列车运营中;列车有需要确认的二级警报	列车有可解除的扣车
◁12345	故障列车;列车有严重警报(默认状态)	故障列车;列车由于在制动、牵引或 ATP 设备方面有严重故障而停车

方向箭头的显示,见表 4-11。

方向箭头的显示　　　　　　　　　　　　　　表 4-11

图例	稳 定 显 示
◁12345	稳定的蓝色箭头代表列车提前于时刻表运行
◁12345	稳定的黄色箭头列车晚点(大于轻度晚点时间,小于严重晚点时间)
◁12345	稳定的红色箭头代表列车严重晚点
◁12345	稳定的白色箭头代表列车未按时刻表运行。列车所处的可能情况有:未按时刻表运行的列车,VR 处于时刻表模式;处于运行间隔模式运行;处于无调整模式运行
12345	列车无箭头,代表列车运行方向未知
10501▷	车身闪烁红色表示列车由于 EB、牵引以及 ATP 设备故障等,有严重报警

列车精确定位图标的显示,见表 4-12。

列车精确定位图标的显示　　　　　　　　　表 4-12

图　例	显　　示
	稳定的绿色表示:列车正在通信中
	稳定的白色表示:列车不在通信中

(5)列车识别号含义

ATS 人机界面的界面上显示的列车 ID(列车识别号)是一个带有箭头指向和有颜色的矩形框,箭头端指向表示列车的运行方向,列车 ID 在矩形框内显示,见表 4-11。

列车 ID 在界面上的显示一共 5 位,分别由三位列车追踪号(TID)和两位目的地号(DID)组成。如果列车的 TID 不存在,则显示列车的车组号 PVID 代替 TID,PVID 是两位的。

列车识别号(列车 ID)除了在界面上显示的 5 位之外,还有更多的信息,包括 PVID、LINE ID、TRIP SEQ、DRIVER ID。列车识别号的各项内容见表 4-13。

列车识别号内容　　　　　　　　　表 4-13

英文缩写	中文名称	数值范围	别　　称
TID	列车追踪号	101~999	服务号
DID	目的地号	01~99	交路号
PVID	永久性车组编号	01~99	车组号
LINE ID	线路号	01~99	线号
TRIP SEQ	圈数	01~99	序列号
DRIVER ID	司机号	001~999	乘务组号
Running Direction	运行方向	箭头符号	运行方向符

TID 为 001 到 999 的三位数字,可以根据用户的需要进行范围划分和车次定义。例如,行车人员可将 101 到 500 划分为运营列车,501 到 600 划分为工程车的 TID,601 到 999 划分为预留 TID。TID 类似有些地铁项目的服务号,运行图中的一条运营线对应一个列车、一个 TID。上线之后的列车都将按照运行计划,自动分配一个 TID,在正常情况下,列车上线至下线,TID 都是不变的。

DID 为 01 到 99 的两位数字,不同的 DID 规定了不同的运行交路行程,共分为 4 种不同类型的 DID,如下:

①非运营收车行程;

②非运营单向行程;

③运营末班行程;

④正常运营环路。

DID 是系统固定划分的,不可以改变,但是可以根据需要选择不同的 DID,满足不同的运营需求。DID 也不是连续编排的,具体的 DID 定义与《成都地铁 1 号线行车组织细则》中交路号定义相同。

工作任务三 设备系统操作

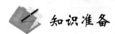
工作任务

(1)熟悉浙大网新 ATS 子系统登录与注销操作方式。
(2)熟悉浙大网新 ATS 子系统控制权切换方式。
(3)熟悉浙大网新 ATS 子系统进路控制及运行调整方式。
(4)熟悉浙大网新 ATS 子系统时刻表和 VR 控制窗口操作方式。

知识准备

一、系统登录与注销

1. 系统登录

访问控制菜单登录窗口,如图 4-8 所示。

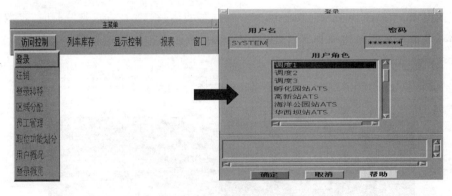

图 4-8 访问控制菜单登录窗口

操作步骤:
主菜单→访问控制→登录→输入有效的用户名与密码→选择用户角色→确定

2. 系统注销

当要求注销时,系统确认所有联锁域在用户退出后仍然有登录的调度员控制。如果有联锁区在用户退出后不受控制,系统将不允许注销。如图 4-9 所示。

操作步骤:
主菜单→访问控制→注销→确定
系统退出,工作站返回登录前的状态。

3. 登录转移

登录转移功能可以使工作站的控制转移为另一个用户或另一个角色,此时无需分开退出和登录

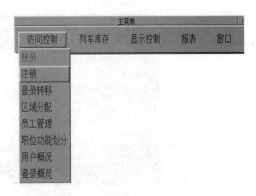

图 4-9 访问控制菜单注销窗口

两步操作。如果新用户选择不同的用户角色,系统证实所有联锁区都有人控制。如果联锁区在转移后不受控制,系统将不允许转移。如图4-10所示。

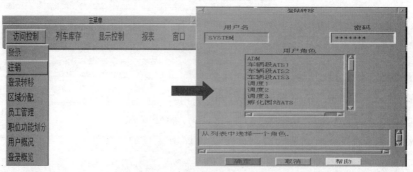

图4-10 访问控制菜单用户转移窗口

操作步骤:

主菜单→访问控制→登录转移→输入用户名及密码→选择用户角色→确定

二、控制权切换

正常情况下,车站工作站只监视管辖范围内列车的运行,当车站需要控制时,需要向控制中心申请才能取得对本站的控制权限,控制中心也可收回对车站的控制权。

1. 请求本地控制

当车站操作员需要操作车站ATS时,可以向调度发送一个控制请求。在中心ATS的调度员同意这个请求后,车站获得控制权,如图4-11所示。

a) 站名图标控制菜单

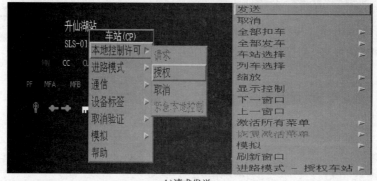

b) 请求发送

图4-11 请求本地控制

操作步骤：

联锁站站名图标→右击→本地控制许可→请求→单击右键菜单上的发送

2. 取消本地控制

可通过"本地控制许可→取消"功能释放本地控制，将本地控制权限返回中央 ATS，如图 4-12 所示。

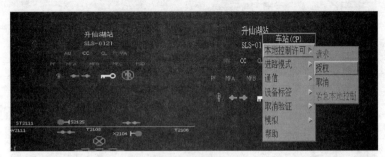

a) 站名图标控制菜单

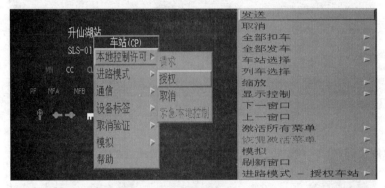

b) 取消发送

图 4-12　取消本地控制

操作步骤：

联锁站站名图标→右击→本地控制许可→取消→发送

3. 紧急本地控制

如果用户在 ATS 车站工作站进行操作时，需要从中央 ATS 快速获取紧急情况下的控制，可使用"紧急本地控制"功能。此程序不需要中央 ATS 的调度员授权，如图 4-13 所示。

操作步骤：

联锁站站名图标→右击→本地控制许可→紧急本地控制→发送

三、进路控制及运行调整

1. 进路模式

各联锁区能运行以下两种进路模式的中的一种。

（1）自动进路模式（缩写 AU）：由列车自动调整系统管理当前站内列车的进路与当前站的停站时间。列车必须是自动模式。

（2）人工进路模式（缩写 MN）：列车自动调整系统无法对当前站内的列车发送自动进路与

自动停站时间的控制指令。中心或车站的调度员必须人工开放进路。

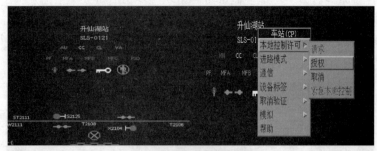

a)站名图标控制菜单

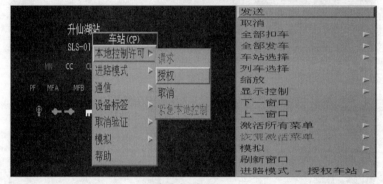

b)紧急本地控制发送

图 4-13　紧急本地控制

用户能使用进路模式功能去切换这两种模式,如图 4-14 所示。

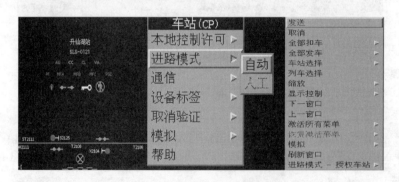

图 4-14　站名进路模式菜单发送

操作步骤：

联锁站站名图标→右击→进路模式→"自动"或"人工"→发送

2. 跳停

(1)设置列车跳停下一站

用户可以在需要跳过车站的前方车站,设置下一站跳停命令,请求列车跳过这个计划中本要停靠的车站,系统发送跳停信息给列车。设置跳停时,需在列车从站台发车前进行设置,跳停下一站命令方能生效,如图 4-15 所示。

项目四 浙大网新中心信号设备

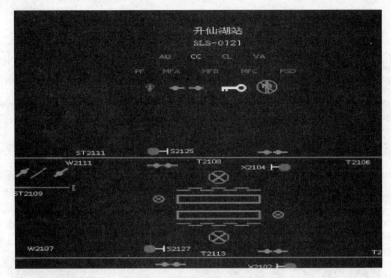

a) 站场图

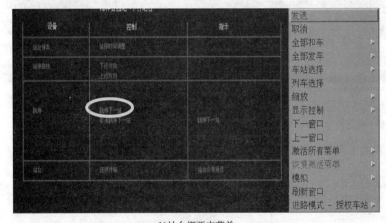

b) 站台概要表菜单

图 4-15 设置列车跳停下一站

操作步骤：

所要跳停车站后方车站站台图标→左击→跳停下一站→发送

(2) 取消下一站跳停

取消下一站跳停，操作步骤同设置跳停下一站。

3. 扣车

(1) IBP 盘扣车

IBP 站台扣车功能可以从车站控制盘实现。站台扣车可以使 Microlok 关闭已开放的信号。站台扣车在 ATS 工作站上显示，但是 ATS 没有激活/取消的功能，如图 4-16 所示。

图 4-16 IBP 盘扣车

(2) ATS 扣车

ATS 向 ATS 调度员提供在本站扣车的人工扣车功能。列车一旦被停止，列车打开车门并在车站等待，直至 ATS 调度员提供一个扣车释放请求。ATS 扣车不会使信号关闭，DTI 将显示扣车信息。

4. 追踪号

在"追踪号"菜单下有几个子菜单,可进行列车交路、追踪号修改,并对列车运行等级、运行模式进行参数修改,如图4-17所示。

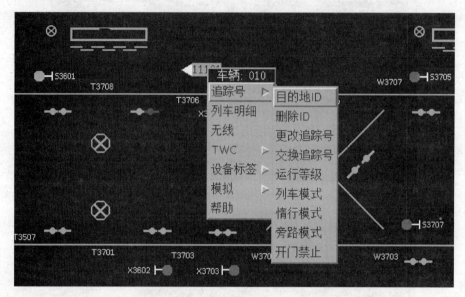

图4-17 "追踪号"菜单

(1)目的地ID:修改列车交路号,如图4-18所示。

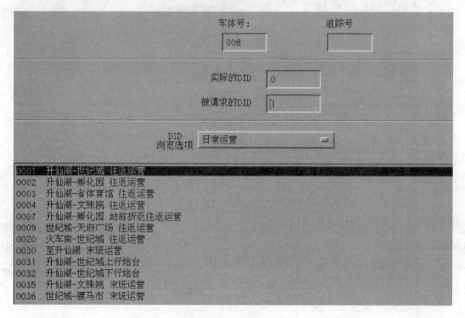

图4-18 目的地ID

(2)删除ID:功能是删除列车车次信息。在有通信情况下,执行命令后列车车次信息将被删除,车次框内仅显示车底号;在无通信情况下,执行命令后整个车次框将被删除。

（3）更改追踪号：修改列车追踪号（服务号），如图 4-19 所示。

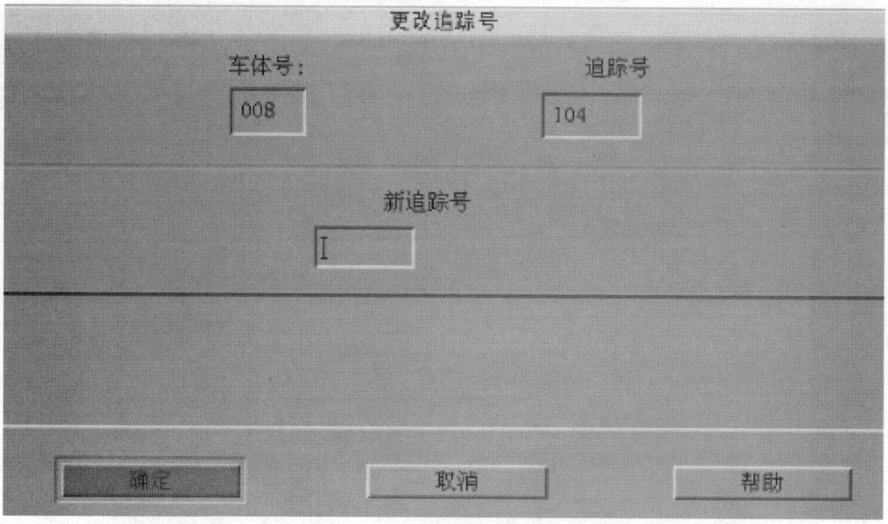

图 4-19　更改列车追踪号

（4）运行等级：修改列车运行等级参数。选择不同的运行等级来变更列车区间运行速度，如图 4-20 所示。

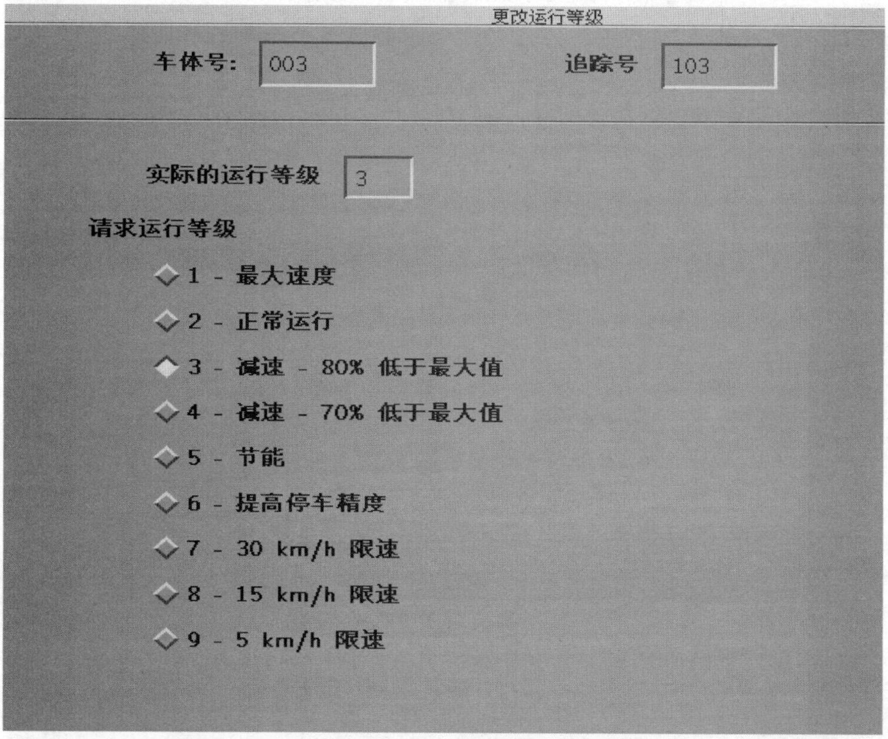

图 4-20　修改运行等级

(5)惰行模式,如图 4-21 所示。

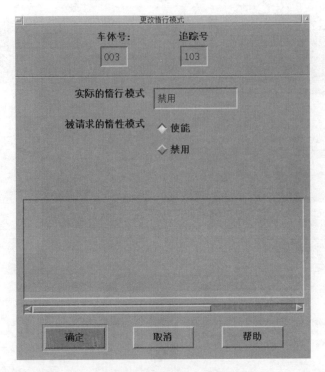

图 4-21 列车惰行模式

5. 列车明细

显示列车当前的详细运行信息。此功能仅为显示,无操作功能,如图 4-22 所示。

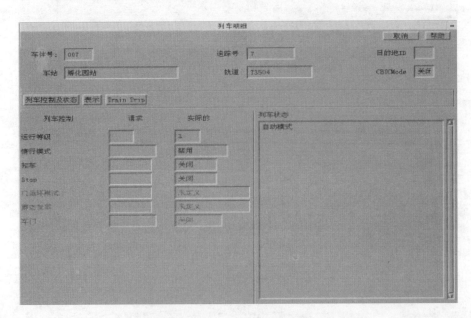

图 4-22 "列车明细"窗口

6. 车站概要表

通过左键点击站台框会弹出车站概要表，如图 4-23 所示。

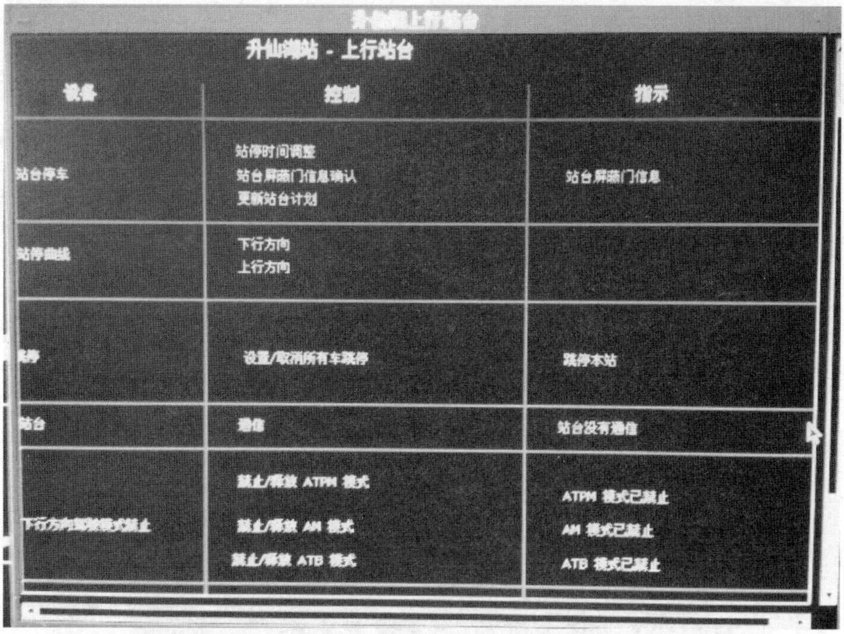

图 4-23　车站概要表

车站概要表可实现以下功能：

（1）查看车站站台概要信息。

（2）指定默认的站台停站时间，如图 4-24 所示。

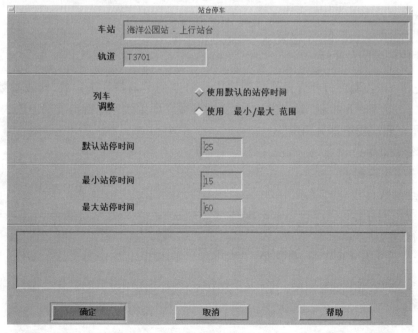

图 4-24　"站台停车"窗口

(3)指定车站制动曲线,如图4-25所示。

(4)控制跳停站。

(5)屏蔽门报警确认。

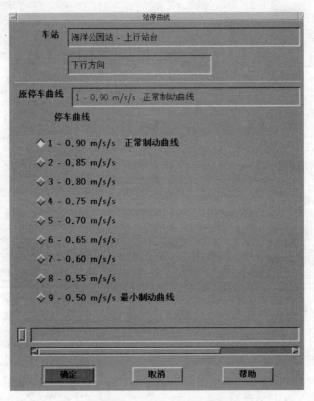

图4-25 指定车站制动曲线

四、VR控制窗口及操作

时刻表和VR控制窗口允许操作员查看以及修改列车调整系统参数,修改参数的命令一旦从这个"时刻表和VR控制"窗口发送,改变的参数立即生效并保持到下次更改生效之前,如图4-26所示。窗口由5部分组成:

(1)时刻表菜单;

(2)列车VR控制;

(3)晚点参数;

(4)系统范围参数;

(5)运行等级。

时刻表菜单共有4项菜单,分别是:

(1)时刻表控制;

(2)时刻表数据;

(3)变更时刻表;

(4)编辑列车时刻表。

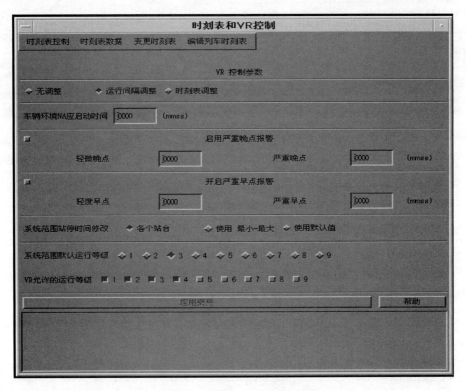

图 4-26 "时刻表和 VR 控制"窗口

(1)正常时刻表加载。

通常情况下,需要在时刻表编辑工作站上设置好日历,时刻表服务器可以根据日历的数据自动为当天和第二天选择一个时刻表,不需要人工干预。时刻表服务器在当前日历结束后自动选择下一日历。

(2)人工加载时刻表。

选择时刻表功能允许操作员避开时刻表通过日历自动选择而立刻人工选择一个新的时刻表文件。操作步骤如下:

①将鼠标光标置于"时刻表和 VR 控制"主菜单上的"时刻表控制"选项,单击鼠标左键。系统显示"时刻表控制"下拉菜单,如图 4-27 所示。

图 4-27 "时刻表控制"下拉菜单

②下拉菜单选择"选择时刻表",系统就会出现"选择时刻表"窗口,如图 4-28 所示。

③在这个"选择时刻表"窗口中,有"当前时刻表"选项和"下一时刻表"选项。

④若修改当前时刻表,则将鼠标光标定位在当前时刻表菜单上,单击鼠标左键,系统显示

当前时刻表选项菜单,从选项菜单中选择所需的时刻表;若修改下一时刻表,则将鼠标光标置于下一时刻表菜单上,单击鼠标左键,系统显示下一时刻表选项菜单,从选项菜单中选择所需的时刻表。

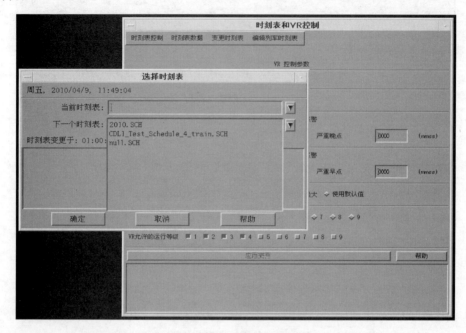

图4-28 "选择时刻表"窗口

⑤选择"确定"按钮,应用所选择的更改并退出窗口;或选择"取消"按钮,停止操作并退出窗口。

⑥在点击"确定"按钮后,如果命令执行失败,有可能弹出两种消息对话框,分别显示:"没对时刻表进行修改"和"SCH任务没有响应,请稍后重试"。选择"确认"按钮,重新加载时刻表。

(3)时刻表控制菜单的其他选项如"选择日历"操作同"选择时刻表"。

(4)VR参数控制窗口里面,所有参数设置修改的操作都根据运营需要通过鼠标左键点选设置,设置好了点击"应用变更"确定参数配置完毕并运用。

五、设备操作

1. ATS设备一级命令

该类命令为防止用户误操作,其中道岔单解、终端信号解封、轨道解封属于ATS系统一级命令。

执行一级命令时按以下步骤操作:

(1)ATS用户启动第一类功能时,其请求在操作请求堆栈中显示,并且必须在90s内发出,否则会被取消。

(2)第一类功能请求发出后,远端设备必须在15s内作出确认反应。该反应会在屏幕上显示出闪烁的黄色"E"图标,表示已经收到远端设备的确认信息。如果远端区域没有及时作出回应,系统就会报警,并请求取消。

(3) ATS 用户须选定"E"图标,并在右键菜单选项中选择"使能"并发送请求,"E"图标停止闪烁。静态的黄色"E"图标表示该功能指令的再次确认过程已经完成。若在系统规定的时间内未完成"使能"确认,远端设备即会取消确认表示信息,屏幕上的"E"图标消失,相关设备恢复到其先前的状态。

2. 进路开放

(1) 第一种方式

操作步骤:

信号机→终端信号机→发送

如图 4-29 所示,如需排列 X3701～X3704 进路,先点击 X3701,系统提示 S3705 和 S3707 均可以作为终端,即有两条进路选择,再点击信号机 S3705,进路办理完毕。

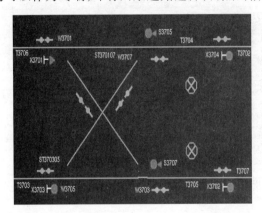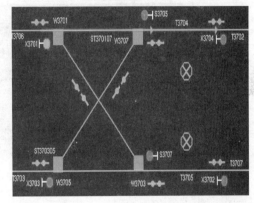

图 4-29　进路开放的第一种方式

(2) 第二种方式

进路开放的第二种方式,如图 4-30 所示。

操作步骤:

始端信号机→右击→始端/终端选择→终端信号机→右击→发送

3. 道岔操作

(1) 定反位

用户可单击道岔或从菜单选项选择这一功能,如果道岔锁闭或单锁,"道岔定位/反位"菜单选项不可用。

①第一种方式。

道岔反位操作的第一种方式,如图 4-31 所示。

操作步骤:

选定道岔→左击选中→发送

②第二种方式。

道岔反位操作的第二种方式,如图 4-32 所示。

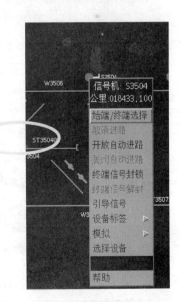

图 4-30　进路开放的第二种方式

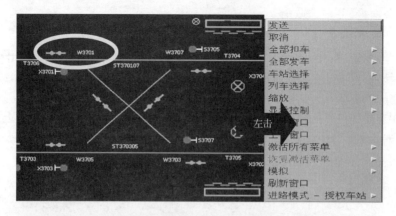

图 4-31 道岔反位操作的第一种方式

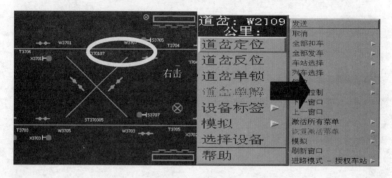

图 4-32 道岔反位操作的第二种方式

操作步骤:

选定道岔→右击→道岔定/反位→发送

(2) 单锁

可通过"道岔单锁"功能请求系统阻止道岔从其当前位置进行转动。如果道岔已单锁,"道岔单锁"菜单选项不可用,如图 4-33 所示。

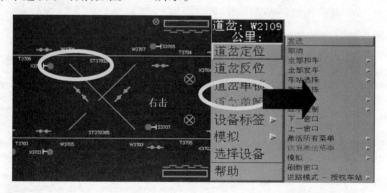

图 4-33 道岔单锁

操作步骤:

选定道岔→右击→道岔单锁→发送

(3) 单解

可以通过"道岔单解"功能请求系统对已单锁的道岔解锁。如果道岔未单锁,"道岔单解"菜单选项不可用,如图 4-34 所示。

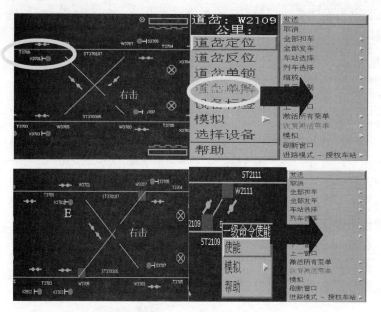

图 4-34　道岔单解

操作步骤:

选定道岔→右击→道岔单解→发送→1 类启用设备"E"→右击→使能→发送

4. 信号机操作

(1) 取消进路

可以通过"进路取消"功能取消先前开放的进路。如果请求进路取消时,信号被设置为自动进路,同时系统请求"关闭自动进路"命令,如图 4-35 所示。

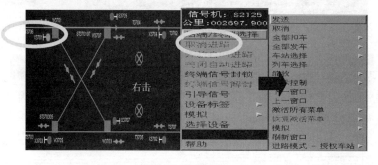

图 4-35　取消进路

操作步骤:

信号机→右击→取消进路→发送

(2) 自动进路

开放自动进路可让系统在进路区段出清时自动重新开放进路。如果信号关闭并且道岔处于定位,则可使用信号自动进路功能开放信号,在执行此功能之前必须满足以下约束条件:

① 信号必须支持自动进路。

②自动进路控制发送至轨旁设备。

③请求的进路内轨道均未占用。

④待设置自动进路的终端信号机未设置终端封锁。

⑤请求进路方向上无敌对的延伸进路锁闭。

⑥信号机处于控制范围之内。

⑦用户控制权限具有更新权限。

⑧联锁区连接正常。

⑨信号机未设置自动通过。

"关闭自动进路"让系统关闭信号机自动进路功能,并且仅可在已经开放自动进路的信号机上请求,"关闭自动进路"并不取消进路。

开放自动进路操作步骤:

信号机→右击→开放自动进路→发送

关闭自动进路操作步骤:

信号机→右击→关闭自动进路→发送

(3)引导进路

可以开放信号并建立引导进路,如图4-36所示。

图4-36 建立引导进路

注意:如果进路中存在占用无岔轨道的情况,则列车后方的道岔没有锁闭。但是,当系统请求引导并发送时,道岔锁闭进路开放。道岔不会解锁,直至占用出清。因此,需要在开放引导之前将道岔移至想要开放进路的位置。

如果进路内任一轨道区段故障,或者信号机的红色灯丝报警指示无效的话,可以在接近轨道占用时开放引导信号。

操作步骤:

信号机→右击→引导信号→发送

(4)终端信号封锁及终端信号解封

①终端信号封锁:阻止以此信号机作为终端设置进路,如图4-37所示。

终端信号封锁操作步骤:

信号机→右击→终端信号封锁→发送

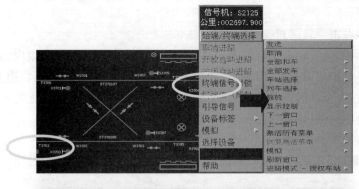

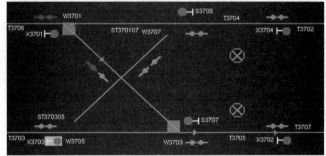

图 4-37 终端信号封锁显示

②终端信号解封:取消信号机终端封锁。

终端信号解封操作步骤:

选定道岔→右击→终端信号解封→发送→1 类启用设备"E"→右击→使能→发送

5. 轨道操作

(1)轨道封锁

"轨道封锁"功能可以防止通过该轨道区间设置任何进路。"轨道封锁"适用于信号机之间的轨道区间。一旦系统发送该功能,会将相关信号机设置终端封锁,如图 4-38 所示。

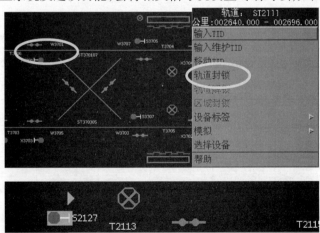

图 4-38 轨道封锁显示

操作步骤：

选定轨道→右击→轨道封锁→发送

注意：区段内的所有轨道没有被占用，以便轨道封锁生效。如果区段内的任何轨道占用，那么信号机出口封锁依旧有效，但是区段内的轨道封锁保持闪烁。闪烁轨道表明轨道区段内轨道封锁未生效，直至区段内的轨道占用出清。"轨道封锁"功能仅防止列车进入生效区域，而不会阻止已处于封锁轨道上的列车发生移动。

（2）解除封锁

"轨道封锁解除"功能可让用户移除先前在轨道区间内建立的轨道封锁。

操作步骤：

选定轨道→右击→轨道封锁解除→发送

解除轨道区间两端的信号机终端封锁执行以下步骤：

①当用户在联锁收到确认指示之后，请将鼠标指针移至 1 类启用设备"E"（位于终端封锁的信号机附近），并按下鼠标按钮右键。

②选择"使能"，单击右键菜单上的"发送"按钮。

工作任务四　设备的维护

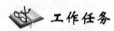 工作任务

（1）熟悉浙大网新 ATS 子系统设备工作环境。
（2）熟悉浙大网新 ATS 子系统系统硬件配置。
（3）熟悉浙大网新 ATS 子系统设备维护流程及工艺标准。
（4）熟悉浙大网新 ATS 子系统应用软件基础维护工作内容及操作方式。

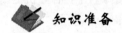 知识准备

一、设备工作环境

设备工作环境，如表 4-14 所示。

表 4-14　设备工作环境

设备名	设备所在地	设备型号	设备工作温度要求	设备工作湿度要求	防尘要求	防鼠患要求	备品备件存储要求	其他环境要求
显示器	中央控制室	HP xw4600 Workstation	5~35℃	20%~80%（非冷凝）	保持室内整洁	洞口应有防鼠泥；门口应有防鼠板		74.8~106kPa，按照铁路信号机械室要求保持室内整洁即可；必须有防静电措施

续上表

设备名	设备所在地	设备型号	设备工作温度要求	设备工作湿度要求	防尘要求	防鼠患要求	备品备件存储要求	其他环境要求
工控机	中央控制室	HP xw4600 Workstation	0~40℃	10%~85%(非冷凝),40℃	保持室内整洁	洞口应有防鼠泥;门口应有防鼠板		70~106kPa,按照铁路信号机械室要求保持室内整洁即可;必须有防静电措施
服务器	信号机房	HP DL380 G6	10~35℃	10%~90%	保持室内整洁	洞口应有防鼠泥;门口应有防鼠板		70~106kPa,按照铁路信号机械室要求保持室内整洁即可;必须有防静电措施

二、系统硬件

1. 服务器

ATS 主机服务器、通信服务器、接口服务器采用 HP DL380 G6 服务器,具体配置如下:

(1) 四核处理器 Intel Xeon Processor E5530 志强 2.40GHz (492237-L21)。

(2) 4GB (2 条 2GB) PC3-10600R DDR3-1333 内存(500656-B21)。

(3) 2 个内置双口千兆服务器以太网卡 HP NC382i。

(4) HP 磁盘阵列控制器。

(5) 2 个冗余电源。

(6) 1 个 DVD 刻录光驱。

(7) 2 个 72GB SAS 硬盘。

服务器正面,如图 4-39 所示。

服务器背面及连线,如图 4-40 所示。

中心信号设备检修

图 4-39 服务器正面

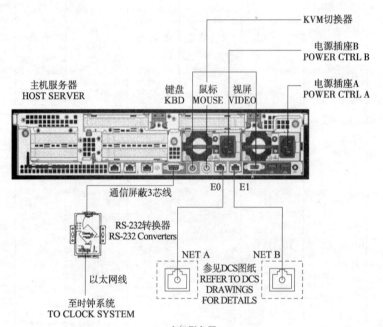

a) 主机服务器

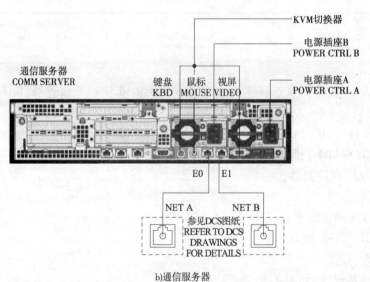

b) 通信服务器

图 4-40

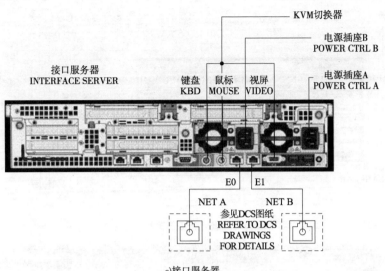

c) 接口服务器

图 4-40　服务器背面及连线

2．数据库服务器及磁盘阵列

ATS 数据库服务器采用 HP DL380 G6 服务器，具体配置如下：

(1) 四核处理器 Intel Xeon Processor E5530 志强 2.40GHz（492237-L21）。
(2) 4 GB（2 条 2GB）PC3-10600R DDR3-1333 内存（500656-B21）。
(3) 2 个内置双口千兆服务器以太网卡 HP NC382i。
(4) HP 磁盘阵列控制器。
(5) 2 个冗余电源。
(6) 1 个 DVD 刻录光驱。
(7) 2 个 72GB SAS 硬盘。

数据库服务器正面，如图 4-41 所示。

图 4-41　数据库服务器正面

数据库服务器背面及连线图，如图 4-42 所示。

磁盘阵列（SAN）采用 HP MSA2000 智能磁盘阵列，具体配置如下：

(1) 惠普 HPMSA2312sa 双控制器智能磁盘阵列。
(2) 惠普 HPSAS 线缆 2 米(4 根)。
(3) 惠普 HP146GB SAS 硬盘(12 块)。

磁盘阵列正面，如图 4-43 所示。

磁盘阵列背面及连线，如图 4-44 所示。

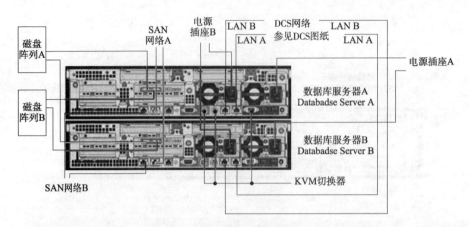

图 4-42　数据库服务器背面及连线

图 4-43　磁盘阵列正面

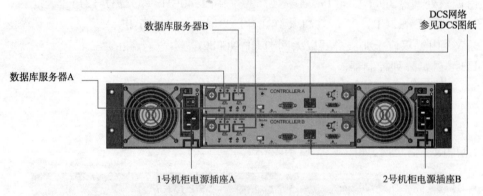

图 4-44　磁盘阵列背面及连线

3. 工作站

工作站采用 HP xw4600 Workstation，具体配置如下：

(1) 2.33GHz 双核处理器。

(2) 2GB DDR2-667 内存。

(3) 160GB SATA 硬盘。

(4) DVD/CD 刻录光驱。

(5) 千兆以太网卡 (1 块)。

(6) 2 块双屏显卡。

(7) 键盘和鼠标 1 套。

工作站背面及连线，如图 4-45 所示。

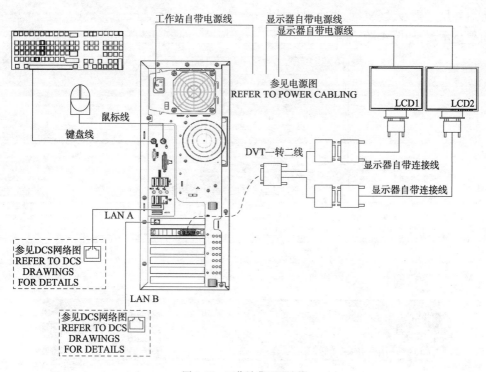

图 4-45　工作站背面及连线

4. 终端服务器

终端服务器 Moxa 5650-8，提供在冗余局域网上将数据包转换成串行数据通信的方式。工作站背面及连线，如图 4-46 所示。

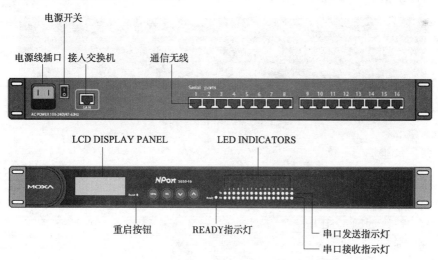

图 4-46　工作站背面及连线

5. 机架显示器及 KVM 切换器

机架显示器用于 ATS 机柜内各个服务器的显示，通过 KVM 切换器在各个服务器的显示屏之间进行切换。中心信号设备室内每个 ATS 机柜内都设有 KVM 切换器和机架显示器，使各服务器共用主机外设(鼠标、键盘、显示器)。

机架显示器,如图4-47所示。

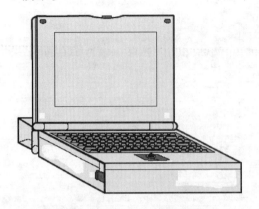

图4-47　机架显示器

KVM切换器背面及连线,如图4-48所示。

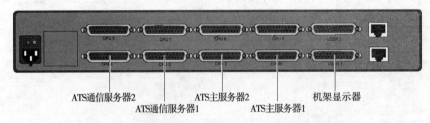

图4-48　KVM切换器背面及连线

KVM切换器前面板,如图4-49所示。

图4-49　KVM切换器前面板

三、设备日常维护

1. 服务器实物图

(1)服务器各部件

服务器各部件,如图4-50所示。

(2)服务器前面板

服务器前面板,如图4-51所示。

(3)服务器背面

服务器背面,如图4-52所示。

(4)服务器内部

服务器内部,如图4-53所示。

项目四　浙大网新中心信号设备

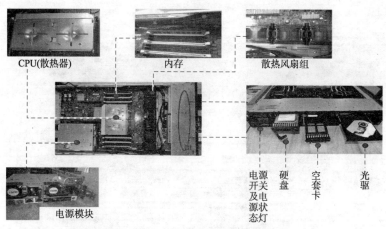

图 4-50　服务器各部件

图 4-51　服务器前面板

1-网卡灯；2-机身内部温度告警指示灯；3-电源工作状态指示灯；4-定位灯；5-系统健康灯；6-系统电源指示灯；7-电源告警指示灯；8-内存状态指示灯；9-CPU 状态指示灯；10-风扇状态指示灯

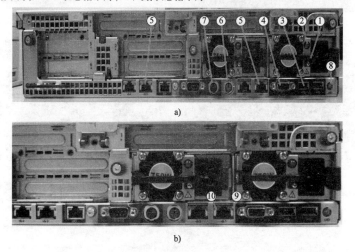

图 4-52　服务器背面

1-电源；2-电源灯；3-USB 接口；4-视频接口（VGA）；5-网线接口；6-鼠标接口（PS2）；7-键盘接口（PS2）；8-定位灯；9-网卡/iLO 2 激活灯；10-网卡/iLO 2 连接灯

141

图 4-53 服务器内部

1-硬盘与主板接口；2-内存插槽；3-南桥；4-CPU 散热器；5-CPU；6-BIOS 电池；7-散热风扇；8-光驱；9-磁盘阵列控制板；10-电源

2. 服务器各种健康灯指示含义

（1）前面板

前面板指示灯，如图 4-54 所示，其含义如表 4-15 所示。

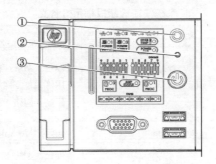

图 4-54 前面板指示灯

前面板指示灯含义　　　　　　　　　　　　　　表 4-15

序　号	描　述	状　态
①	UID 灯	绿色 = 活动 绿色闪烁 = 系统被远程管理 不亮 = 不活动
②	系统健康灯	绿色 = 正常 琥珀色 = 系统降级 红色 = 系统危险
③	系统电源指示灯	绿色 = 系统运行 琥珀色 = 系统待机但已加电 不亮 = 电源线没插或电源故障

(2) 系统快速诊断板

系统快速诊断板,如图 4-55 所示,其含义如表 4-16 所示。

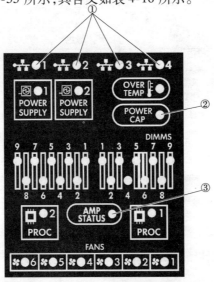

图 4-55 系统快速诊断板指示灯

143

系统快速诊断板指示灯含义　　　　　　　　　　　　　　　　　　　　表 4-16

序　号	描　述	状　态
①	网卡连接/活动灯	绿色 = 网络连接 闪烁绿色 = 网络连接而且活动 不亮 = 网络未连接
②	Power cap	确定 Power cap 状态
③	AMP 状态	绿色 = AMP 模式开启 琥珀色 = Failover 闪琥珀色 = 不合理的配置 不亮 = AMP 模式关闭
	其他所有灯	不亮 = 正常 琥珀色 = 失败

系统快速诊断板指示灯说明，如表 4-17 所示。

系统快速诊断板指示灯含义　　　　　　　　　　　　　　　　　　　　表 4-17

指示灯和颜色	健康灯	电源灯	状　态
Processor（琥珀色）	红色	琥珀色	处理器槽位问题/处理器没有被安装/处理器不兼容/自检时检测到失败的处理器
Processor（琥珀色）	琥珀色	绿色	处理器处于预损坏状态
DIMM（琥珀色）	红色	绿色	一个或者多个内存失败
DIMM（琥珀色）	琥珀色	绿色	内存预报警
Overtemperature（琥珀色）	琥珀色	绿色	检测到内部处于警告级的过热情况
Overtemperature（琥珀色）	红色	琥珀色	检测到内部处于硬件严重错误的过热级别
Fan（琥珀色）	琥珀色	绿色	一个风扇损坏或者多个风扇被移除
Fan（琥珀色）	红色	绿色	两个或多个风扇损坏或被移除
Power supply（琥珀色）	红色	琥珀色	只安装了一个电源模块并处于待机状态；电源模块错误；系统板错误
Power supply（琥珀色）	琥珀色	绿色	安装了冗余模块，但只有一个电源模块在工作；电源线没有插入冗余电源模块；冗余电源模块错误；自检过程中发现电源模块不符或者正处于不相符的热拔状态
Power cap（熄灭）	—	琥珀色	待机
Power cap（绿色闪烁）	—	绿色闪烁	等待电力
Power cap（琥珀色闪烁）	—	琥珀色	超出电力限制
Power cap（绿色）	—	绿色	电力可用

3. 服务器硬件更换

(1) 打开机箱盖

打开机箱盖步骤,如图 4-56 所示。

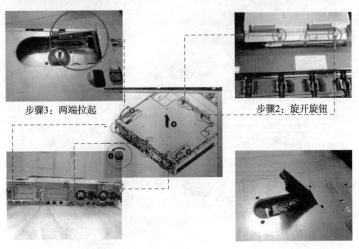

图 4-56　打开机箱盖步骤

(2) 风扇清洁

将风扇取下,然后用毛刷扫或者用压缩空气吹掉风扇上面的灰尘,如图 4-57 所示。

图 4-57　取出风扇

(3) 硬盘更换

更换硬盘,如图 4-58 所示。

(4) 内存更换

按压两边的塑料卡,待内存弹出插槽后,即可取出内存条;插上内存条,按压内存条两末端,使两旁的塑料卡完全卡住内存条,如图 4-59 所示。

(5) 电源模块更换

更换电源模块,如图 4-60 所示。

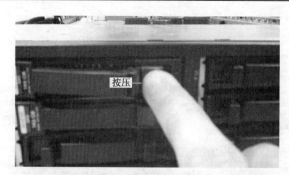

a) 按压按钮

b) 拔出

图 4-58　更换硬盘

图 4-59　更换内存

图 4-60　更换电源模块

四、作业指导及设备工艺标准

1. 设备重启周期

(1)服务器

①月检:重启 ATS 应用软件。

②季检:使用 reboot 命令重启系统。

③年检:断电重启。

(2)行车调度工作站/总调工作站

①月检:断电重启。

②年检:断电重启。

(3)大屏接口工作站/时刻表编辑工作站

①季检:使用 reboot 命令重启系统。

②年检:断电重启。

2. 设备重启标准

设备重启标准,如表 4-18 所示。

设备重启标准　　　　　　　　　　　表 4-18

序号	设　　备	重启周期	重启要求
1	服务器(数据库服务器除外)	月	服务器应用软件重启
2	服务器(数据库服务器除外)	季	先关闭所有应用程序,使用 reboot 命令重启
3	服务器	年	先关闭所有应用程序,断电重启
4	车站/车辆段/停车场/系统管理员/培训工作站	月	先关闭所有应用程序,使用 reboot 命令重启
5	车站/车辆段/停车场/系统管理员/培训工作站	年	先关闭所有应用程序,断电重启
6	行调工作站	月	先关闭所有应用程序,断电重启
7	大屏工作站/时刻表编辑工作站	季	先关闭所有应用程序,使用 reboot 命令重启
8	大屏工作站/时刻表编辑工作站	年	先关闭所有应用程序,断电重启

3. 设备工艺标准

(1)服务器及其附属设备(含磁盘阵列、8 口终端服务器、KVM 切换器、机架显示器、ATS 机柜),如表 4-19 所示。

服务器及其附属设备　　　　　　　　　　　表 4-19

序号	周期	工作内容	检修标准
1	日	检查 OCC 信号设备房磁盘阵列、SAN 交换机、终端服务器、KVM 切换器、机架显示器、串口转换器(含转换器电源)与所有服务器,正面与背面各指示灯状态	各指示灯显示正常
		检查各机架显示器工作状态	各机架显示器显示正常,操作灵活流畅
		检查节点监控	记录节点监控中显示的全线 ATS 设备状态,对故障设备应及时处理

续上表

序号	周期	工作内容	检修标准
1	日	检查全线主用网络通道情况	记录主用的网络通道情况
		检查所有服务器进程主备情况	记录主备情况
		检查全线ATS设备网络连通情况	所有设备A、B网络都能ping通
		查看全线ATS工作站用户登录情况	无未登录的ATS工作站
		查看数据库服务器硬盘容量情况	如果检查发现容量超过85%,当夜进行运营数据备份
		查看报警队列状态	显示、更新正常,未出现300+
2	周	检查ATS系统时间和通信时间一致性	ATS系统时间与通信GPS时间保持一致,误差不得超过1s
		检查运行图室与培训室机房环境情况	温度、湿度正常;机房设施无异状;完成机房环境卫生清洁工作
3	月	服务器重启;进程主备倒切	重启倒切后,服务器功能正常,接口服务器报文日志正常
		所有服务器及附属设备(主机、通信、接口、数据库、培训)表面清洁	清洁,无尘,无污渍
		检查服务器主机及附属设备外设插接件紧固部件螺钉	外设插接件紧固部件螺钉紧固无松动
		检查所有服务器主机及附属设备运行、散热风扇是否正常、电源及线缆检查	主机运行无异常噪声,工作指示灯正常点亮;风扇转动正常,无噪声等异常情况
		检查服务器及附属设备电源及线缆是否正常	电源线缆无破损,电源模块上指示灯正常点亮
		数据库服务器备份运营数据到光盘	数据备份完整;标记清楚、明确,标记字迹保存期限长
4	季	重启所有服务器	重启服务器后功能正常,接口服务器报文日志正常
5	年	断电重启服务器	重启后服务器功能正常,各接口日志文件正常
		服务器设备内部板级清洁(包括附属打印机)	内部清洁无尘
		服务器及附属设备内部部件紧固(包括附属打印机)	各个配件插接牢固,无松脱
		服务器功能测试	ATS主要功能经测试,正常可用,无异状
		服务器硬盘备份	完整同步备份,并做好备份标记

（2）工作站及附属设备（含鼠标、键盘、打印机），如表4-20所示。

工作站及附属设备 表4-20

序号	周期	工作内容	检修标准
1	日	检查管理员工作站工作状态	管理员工作站主机前后各指示灯显示正常，软件运行正常
2	周	检查主调工作站、行调工作站、大屏工作站主机正面与背面各指示灯状态	各指示灯显示正常
		检查主调工作站、行调工作站、大屏工作站的显示器显示情况	显示器无花屏、无光点，显示正常
		检查主调工作站、行调工作站、大屏工作站的鼠标键盘工作状态	鼠标、键盘操作灵活，无卡阻，无坏键
		检查主调工作站、行调工作站、大屏工作站上各进程运行情况	无占用计算机资源异常的进程
3	月	管理员工作站	先关闭所有应用程序，使用reboot命令重启，设备正常运行
		行调工作站	先关闭所有应用程序，断电重启，设备运行正常
		管理员、主调、行调工作站、大屏接口工作站、时刻表编辑工作站设备表面清洁，线缆插接头紧固检查（包括打印机设备表面清洁）	设备表面清洁，无尘，无污渍
		管理员、主调、行调、培训工作站、大屏工作站、时刻表编辑工作站的线缆插接头紧固检查	紧固无松动
		管理员、主调、行调、培训工作站、大屏工作站、时刻表编辑工作站的散热风扇状态检查	风扇转动正常，无噪声等异常情况
		管理员、主调、行调、培训工作站、大屏工作站、时刻表编辑工作站的电源及线缆检查	电源线缆无破损，电源模块上指示灯正常点亮
4	季	重启大屏工作站	重启后，工作站运行正常，大屏正常显示ATS轨道图
		开启时刻表编辑工作站检查，检查结束后关闭电源	查结束后关闭主机与显示器的电源
5	年	断电重启大屏工作站	重启后大屏显示正常
		工作站及附属设备板卡级清洁（包括附属打印机）	内部清洁无尘
		工作站及附属设备件紧固（包括附属打印机）	各个配件插接牢固，无松脱
		工作站功能测试	ATS主要功能经测试，正常可用，无异状
		工作站硬盘备份（除时刻表编辑工作站）	完整同步备份，并做好备份标记

4. 作业指导

(1) 日巡

①作业条件。

空气温度:室内 0 ~ 35℃。

大气压力:70 ~ 106kPa。

②准备工作。

作业人员:ATS 检修工当天值班人员。

工器具:清洁剂、螺丝刀。

劳动保护用品及其他物品:维保服、防尘鞋套(或防静电拖鞋)。

资料:《信号系统维修规程》《信号系统作业指导书》。

须填写的表格:"控制中心信号设备日常巡视表""ATS 与 MLK 通信通道主备情况记录表"。

③作业工期。

检修用时 55min。

a. 所有设备正面、背面各指示灯状态,10min/人。

b. 各机架显示器工作状态检查,2min/人。

c. 节点监控检查,5min/人。

d. 全线主用网络通道情况查看,10min/人。

e. 所有服务器、车站工作站进程主备情况查看,10min/人。

f. 网络连通情况检查,10min/人。

g. 工作站用户登录情况查看,2min/人。

h. 数据库服务器硬盘容量查看,2min/人。

i. 报警队列状态检查,2min/人。

j. 管理员工作站运行情况检查,2min/人。

④安全注意事项及危险点控制措施,如表 4-21 所示。

危险点控制措施　　　　表 4-21

序号	危 险 点	安全控制措施
1	防止尘土带入机房	进入机房穿戴鞋套或更换洁净的防静电拖鞋

⑤作业程序及作业标准,如表 4-22 所示。

作业程序及作业标准　　　　表 4-22

序号	作 业 程 序	标准及监督检查
1	设备正面背面各指示灯状态	各指示灯显示正常无误
2	机架显示器状态	正常显示,鼠标键盘操作无异常,各主机显示控制切换正常
3	管理员工作站运行情况	ADM 主机前后所有指示灯都显示正常,软件各种功能菜单的启用关闭正常,各窗口功能正常
4	报警队列状态	报警队列未出现"300 +",故障记录等各种信息显示正常

续上表

序号	作 业 程 序	标准及监督检查
5	工作站用户登录情况	无未登录的 ATS 工作站,切登录用户名正确
6	数据库服务器硬盘容量	不超过80%,一旦超过80%,当日夜间进行运行数据备份工作,并清理其硬盘空间
7	与联锁通信通道情况检查	记录通道主备情况
8	网络连通情况	节点监控界面中主服务器均为绿色显示。所有设备 A、B 网均能 ping 通

(2) 周检

①作业条件。

空气温度:室内 0～35℃。

大气压力:70～106kPa。

②准备工作。

作业人员:ATS 检修工当天值班人员。

工器具:清洁剂、螺丝刀。

劳动保护用品及其他物品:维保服、防尘鞋套(或防静电拖鞋)。

资料:《信号系统维修规程》《信号系统作业指导书》。

须填写的表格:"OCC 调度大厅 ATS 设备周巡检记录表"。

③作业工期。

检修用时 25min。

a. 大厅各工作站主机设备正面、背面各指示灯状态,2min/人。

b. 大厅各工作站显示状态检查,2min/人。

c. 大厅各工作站鼠标键盘状态检查,3min/人。

d. 大厅各工作站进程运行情况检查,10min/人。

e. 运行图室与培训室机房环境情况检查,8min/人。

④安全注意事项及危险点控制措施,如表 4-23 所示。

危险点控制措施　　　　表 4-23

序号	危 险 点	安全控制措施
1	防止尘土带入机房	进入机房穿戴鞋套或更换洁净的防静电拖鞋

⑤作业程序及作业标准,如表 4-24 所示。

作业程序及作业标准　　　　表 4-24

序号	作 业 程 序	标准及监督检查
1	正面、背面各指示灯状态	各指示灯显示正常无误
2	显示与鼠标键盘情况	ATS 软件界面显示正常,显示器无异状,鼠标键盘操作无异常
3	进程运行情况	运行正常

(3)月检

①作业条件。

空气温度:室内 0~35℃。

大气压力:70~106kPa。

②准备工作。

作业人员:必须经过 ATS 系统维护技术培训,并经考核合格,取得 ATS 检修工上岗证方可进行该作业。月检作业时作业组人员不得少于两人,作业前由班组长指定一名责任心强、业务素质高、经验丰富、熟悉作业流程且具备高级职业技能的人员为作业负责人,负责办理作业请销点、设备检修指导与作业全过程的安全卡控。

工器具:作业前需带齐下列工器具,并确保其使用良好,手持台 2 部及其他相关工具。

劳动保护用品及其他物品:维保服、防尘鞋套(或防静电拖鞋)。

资料:《信号系统维修规程》《信号系统作业指导书》。

须填写的表格:"ATS 设备重启登记表""培训室 ATS 设备月度保养记录表"。

③作业工期。

每次检修需重启的设备不同,其设备数量也不同,因此每次检修的用时都不同。具体工作用时如下:

a. 通信服务器重启,30min/台。

b. 数据库服务器重启,20min/台。

c. 主服务器重启,30min/台。

d. 培训服务器重启,20min/台。

e. 培训室内各设备运行状态检查,10min/人,培训网络情况检查,2min/人。

④安全注意事项及危险点控制措施,如表 4-25 所示。

危险点控制措施　　　　　　　　　　　　　　　　表 4-25

序号	危 险 点	安全控制措施
1	防止尘土带入机房	进入机房穿戴鞋套或更换洁净的防静电拖鞋
2	接打电话或用手持台对讲,忽略重启过程中的异常现象,导致故障或不良影响	重启过程中,重启操作人员不得接打电话或用手持台对讲,直到重启完毕

⑤作业程序及作业标准,如表 4-26 所示。

作业程序及作业标准　　　　　　　　　　　　　　　　表 4-26

序号	作业程序	标准及监督检查
1	重启通信服务器	重启后通信服务器运行正常,接口服务器处各个实时接口日志文件的数据更新正常无异状
2	重启数据库服务器	重启后数据库服务器运行正常
3	重启主服务器	重启后主服务器运行正常、全线 ATS 工作站运行和显示正常,各种操作功能试验正常(同运营前检查)
4	重启培训服务器	重启后培训服务器运行正常、各培训工作站软件运行正常,培训功能可用

续上表

序号	作业程序	标准及监督检查
5	培训室内各设备运行状态检查	培训服务器、培训工作站和KVM切换器及机架器正反面各指示灯均正常。机架器显示正常,操作灵活流畅
6	培训网络情况检查	交换机状态及其指示灯均正常

（4）季检

①作业条件。

空气温度:室内0～35℃。

大气压力:70～106kPa。

②准备工作。

作业人员:必须经过ATS系统维护技术培训,并经考核合格,取得ATS检修工上岗证方可进行该作业。季检作业时作业组人员不得少于两人,作业前由班组长指定一名责任心强、业务素质高、经验丰富、熟悉作业流程且具备高级职业技能的人员为作业负责人,负责办理作业请销点、设备检修指导与作业全过程的安全卡控。

工器具:作业前需带齐下列工器具,并确保其使用良好,手持台2部、全棉毛巾2条、毛刷2把、清洁剂及其他相关工具。

劳动保护用品及其他物品:维保服、防尘鞋套(或防静电拖鞋)。

资料:《信号系统维修规程》《信号系统作业指导书》。

须填写的表格:"ATS设备重启登记表""OCC调度员工作站检修表""ATS系统设备主备倒切试验记录表""ATS服务器检修表""控制中心ATS综合设备检修记录表"。

③作业工期。

每次检修需重启的设备不同,其设备数量不同,而因此每次检修的用时都不同。具体工作用时如下:

a. 接口服务器重启,30min/台。

b. ATS工作站重启,10min/台。

c. 主服务器倒切试验,45min。

d. 综合设备检查(季检),25min/(套·2人)。

e. 综合设备清洁,30min/(套·两人)。

f. 调度工作站表面清洁,5min/台。

g. 调度工作站检查(季检),10min/台。

④安全注意事项及危险点控制措施,如表4-27所示。

危险点控制措施 表4-27

序号	危险点	安全控制措施
1	防止尘土带入机房	进入机房穿戴鞋套或更换洁净的防静电拖鞋
2	接打电话谈论或检修无关内容,忽略检修过程中的异常现象,导致故障或不良影响	检修过程中,检修人员不得接打电话或用手持台对讲,谈论与检修无关的内容。检修完毕后,因检修需要,可使用手机或手持台联系检修相关事宜

⑤作业程序及作业标准,如表 4-28 所示。

作业程序及作业标准　　　　　　　　　　表 4-28

序号	作业程序	标准及监督检查
1	SAN 交换机、终端服务器(8 口)、串口转换器及其电源(232 转 422)、KVM 切换器及机架显示器、磁盘阵列与所有服务器设备表面清洁	机柜内及设备表面清洁无尘,无污渍
2	SAN 交换机、终端服务器(8 口)、串口转换器及其电源(232 转 422)、KVM 切换器及机架显示器、磁盘阵列与所有服务器设备各线缆和插接件紧固	紧固无松动
3	SAN 交换机、终端服务器(8 口)、串口转换器及其电源(232 转 422)、KVM 切换器及机架显示器、磁盘阵列与所有服务器设备电源及线缆检查	电源及其线缆无破损,无拉糊变色,电源模块各个指示灯显示正常
4	SAN 交换机、终端服务器(8 口)、串口转换器及其电源(232 转 422)、KVM 切换器及机架显示器、磁盘阵列与所有服务器设备工作状态检查	散热风扇正常转动,无异常噪声;设备工作指示灯正常显示,设备工作无异常噪声和报警音
5	重启接口服务器	重启后接口服务器运行正常,各实时接口日志文件的数据更新正常无异状
6	主服务器倒切试验	倒切正常,倒切后主服务器运行正常,ATS 主要功能经测试正常可用,无异状
7	调度工作站表面清洁	调度工作站设备表面清洁无尘,无污渍
8	调度工作站线缆和插接件紧固	紧固无松动
9	调度工作站电源及线缆检查	电源及其线缆无破损,无拉糊变色
10	重启调度工作站	重启后各个调度工作站运行正常、软件显示和操作无异状
11	调度工作站工作状态检查	散热风扇正常转动,无异常噪声;设备工作指示灯正常显示,设备工作无异常噪声和报警音

(5)半年检

①作业条件。

空气温度:室内0~35℃。

大气压力:70~106kPa。

②准备工作。

作业人员:必须经过ATS系统维护技术培训,并经考核合格,取得ATS检修工上岗证方可进行该作业。半年检作业时作业组人员不得少于两人,作业前由班组长指定一名责任心强、业务素质高、经验丰富、熟悉作业流程且具备高级职业技能的人员为作业负责人,负责办理作业请销点、设备检修指导与作业全过程的安全卡控。

工器具:作业前需带齐下列工器具,并确保其使用良好,手持台2部、全棉毛巾2条、毛刷2把、清洁剂及其他相关工具。

劳动保护用品及其他物品:作业人员须穿戴好维保服、防尘鞋套(或防静电拖鞋)。

资料:《信号系统维修规程》《信号系统作业指导书》。

须填写的表格:《ATS设备重启登记表》《ATS服务器检修表》《OCC ATS工作站检修记录表》。

③作业工期。

每次检修需重启的设备不同,其设备数量也不同,因此每次检修的用时都不同。具体工作用时如下:

a. 大屏工作站重启,20min/台。

b. ADM工作站重启,20min/台。

c. 培训服务器表面清洁,5min/人。

d. 培训工作站表面清洁,3min/台。

e. 各ATS(大屏、时刻表编辑、ADM)工作站表面清洁,3分钟/台。

f. 插接件紧固、电源检查、工作状态检查,5min/(台·人)(培训服务器/培训工作站/大屏工作站/ADM工作站)。

g. 时刻表编辑工作站检查,10min/人。

④安全注意事项及危险点控制措施,如表4-29所示。

危险点控制措施 表4-29

序号	危险点	安全控制措施
1	防止尘土带入机房	进入机房穿戴鞋套或更换洁净的防静电拖鞋

⑤作业程序及作业标准,如表4-30所示。

作业程序及作业标准 表4-30

序号	作业程序	标准及监督检查
1	培训服务器、培训工作站、各ATS(大屏、时刻表编辑、ADM)工作站表面清洁	表面清洁无尘,无污渍
2	培训服务器、培训工作站、各ATS(大屏、时刻表编辑、ADM)工作站各线缆和插接件紧固	紧固无松动

续上表

序号	作业程序	标准及监督检查
3	培训服务器、培训工作站、各ATS（大屏、时刻表编辑、ADM）工作站设备电源及线缆检查	电源及其线缆无破损、无拉糊变色，电源模块各个指示灯显示正常
4	培训服务器、培训工作站、各ATS（大屏、时刻表编辑、ADM）工作站工作状态检查	散热风扇正常转动，无异常噪声；设备工作指示灯正常显示，设备工作无异常噪声和报警音
5	重启大屏工作站	重启后大屏工作站运行正常、软件显示和操作无异状
6	重启ADM工作站	重启后ADM工作站运行正常、软件显示和操作无异状
7	开机，检查时刻表编辑工作站	时刻表编辑运行正常，检查结束后，关机处理

(6) 年检

①作业条件。

空气温度：室内 0~35℃。

大气压力：70~106kPa。

②准备工作。

作业人员：必须经过ATS系统维护技术培训，并经考核合格，取得ATS检修工上岗证方可进行该作业。年检作业时作业组人员不得少于两人，作业前由班组长指定一名责任心强、业务素质高、经验丰富、熟悉作业流程且具备高级职业技能的人员为作业负责人，负责办理作业请销点、设备检修指导与作业全过程的安全卡控。

工器具：作业前需带齐下列工器具，并确保其使用良好，手持台2部、全棉毛巾2条、毛刷2把、清洁剂及其他相关工具。

劳动保护用品及其他物品：作业人员须穿戴好维保服、防尘鞋套（或防静电拖鞋）。

资料：《信号系统维修规程》《信号系统作业指导书》。

须填写的表格：《ATS服务器检修表》《OCC ATS工作站检修记录表》。

③作业工期

a. 服务器年检，100min/台（不含硬盘备份）。

b. 工作站年检，80min/台（不含硬盘备份）。

c. 硬盘备份，40min/块硬盘。

④安全注意事项及危险点控制措施，如表4-31所示。

危险点控制措施　　　　　　　　　　　　　　表4-31

序号	危险点	安全控制措施
1	防止尘土带入机房	进入机房穿戴鞋套或更换洁净的防静电拖鞋
2	设备内部清洁工作污染机房环境	设备内部清洁工作，应将主机从机柜中拆卸下来，带至设备房外合适的地点进行，防止清洁工作中产生的灰尘污染机房环境
3	细小零配件散落主机内部，短路工作板卡	关闭主机盖前，仔细检查，确认无散落小物件后方可加盖、插线、上电
4	接打电话谈论与检修无关内容，忽略检修过程中的异常现象，导致故障或不良影响	检修过程中，检修人员不得接打电话或用手持台对讲，谈论与检修无关的内容。检修完毕后，因检修需要，可使用手机或手持台联系检修相关事宜

⑤作业程序及作业标准,如表 4-32 所示。

作业程序及作业标准　　　　　　　　　表 4-32

序号	作业程序	标准及监督检查
1	完成硬盘备份	完整同步备份,并做好标记
2	各服务器/工作站设备内部清洁	内部清洁无尘
3	各服务器/工作站设备内部部件紧固	各个插接件牢固无松脱
4	功能测试	主要功能测试,正常可用无异状

(7) 5 年检

①作业条件。

空气温度:室内 0~35℃;

大气压力:70~106kPa。

②准备工作。

作业组人员:必须经过 ATS 系统维护技术培训,并经考核合格,取得 ATS 检修工上岗证方可进行该作业。5 年检作业时作业组人员不得少于两人,作业前由班组长指定一名责任心强、业务素质高、经验丰富、熟悉作业流程且具备高级职业技能的人员为作业负责人,负责办理作业请销点、设备检修指导与作业全过程的安全卡控。

工器具:作业前需带齐下列工器具,并确保其使用良好,手持台 2 部、螺丝刀及同型号替用新纽扣电池和新硬盘。

劳动保护用品及其他物品:作业人员须穿戴好维保服、防尘鞋套(或防静电拖鞋)。

资料:《信号系统维修规程》《信号系统作业指导书》。

须填写的表格:《配件更换记录表》。

③作业工期。

a. 服务器硬盘更换,80min(更换 30min,上电开机检查 20min,系统功能测试 30min)。

b. 工作站主板 BIOS 电池更换,40min/台(更换 20min,上电开机检查 10min,工作站功能测试 10min)。

c. 工作站硬盘更换,50min(更换 30min,上电开机检查 10min,工作站功能测试 10min)。

d. 服务器主板 BIOS 电池更换,70min/台(更换 20min,上电开机检查 20min,系统功能测试 30min)。

④安全注意事项及危险点控制措施,如表 4-33 所示。

危险点控制措施　　　　　　　　　表 4-33

序号	危 险 点	安全控制措施
1	防止尘土带入机房	进入机房穿戴鞋套或更换洁净的防静电拖鞋
2	细小零配件散落主机内部,短路工作板卡	关闭主机盖前,仔细检查,确认无散落小物件后方可加盖、插线、上电
3	接打电话谈论与检修无关内容,忽略检修过程中的异常现象,导致故障或不良影响	检修过程中,检修人员不得接打电话或用手持台对讲,谈论与检修无关的内容。检修完毕后,因检修需要,可使用手机或手持台联系检修相关事宜

⑤作业程序及作业标准,如表 4-34 所示。

作业程序及作业标准　　　　　　　　　　表 4-34

序号	作 业 程 序	标准及监督检查
1	拆卸服务器或工作站主机	轻插拔,无损伤
2	更换 BIOS 电池	新电池电量充足,试验开机无异常
3	更换硬盘	试验开机,检查软件及配置数据与旧硬盘一致
4	恢复主机,并进行功能测试	主要功能测试,正常可用无异状

五、ATS 应用软件基础维护

1. ATS 应用软件版本查看

以 ATS 系统管理员工作站(ADM001)为例,所有操作步骤都以在系统管理员工作站上操作为标准。步骤如下:

(1)打开一个命令窗口(shell 环境)。
(2)输入密码:svc4cd1。
(3)这时会进入默认路径,[cd1svc@ cd1adm001 ~]。
(4)进入 scripts 目录,[cd1svc@ cd1adm001 ~]cd scripts。
(5)查看版本:[cd1svc@ cd1adm001 ~]validate_kit。

这时,我们会看到如图 4-61 所示内容。

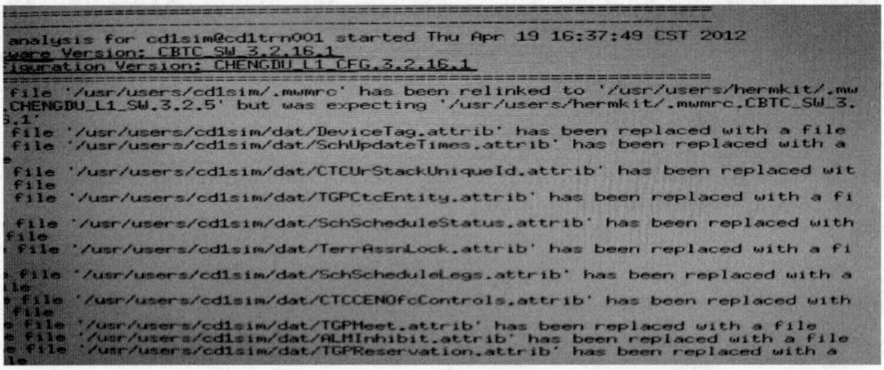

图 4-61　查看软件版本

图中下划线部分就是查看到当前工作站所用的 ATS 软件版本。
(1)Software Version:CBTC_SW_3.2.16.1(软件版本)。
(2)Configuration Version:CHENGDU_L1_CFG.3.2.16.1(配置版本)。

2. ATS 应用软件安装

(1)准备工作

①装有需要更新的 ATS 软件包和配置包的 U 盘一个,以 ATS 软件包 kit.CBTC_SW_3.2.16.1.tar.gz、配置包为:kit.CHENGDU_L1_CFG.3.2.16.tar.gz 为例。

②需要更新 ATS 软件的 ATS 工作站或 ATS 服务器一台,以 ATS 系统管理员工作站(ADM001)为例。

③如果是安装已经投入运营的 ATS 工作站或 ATS 服务器,请等运营结束后。

(2)安装步骤

①打开一个命令窗口、输入密码后进入命令输入模式,关闭 ASP 程序:[cd1svc@cdadm001 ~]shutdown asp

②用 pss 查看是否关闭,关闭后进行后续步骤:[cd1svc@cdadm001 ~]pss

③切换到 root 用户,将 U 盘插入 ADM001 主机 USB 口,挂载装有需要更新 ATS 软件包和配置包的 U 盘:

[cd1svc@cdadm001 ~]su root

[root@cd1adm001 cd1svc]mount /dev/sdb1 /mnt(在输入到/dev/sd 时候,请用 TAB 键查看到 U 盘盘符名字,一般显示在最后一个的就是)

[root@cd1adm001 cd1svc]cd /mnt

[root@cd1adm001 /mnt]ls(查看是否挂载成功,如果成功能看到 U 盘里的文件)

④将 U 盘里的 kit. CBTC_SW_3.2.16.1.tar.gz 和 kit. CHENGDU_L1_CFG.3.2.16.tar,gz 拷贝到 hermkit 用户的默认目录:

[root@cd1adm001 /mnt]cp kit. CBTC_SW_3.2.16.1.tar.gz /use/user/hermkit

[root@cd1adm001 /mnt]cp kit. CHENGDU_L1_CFG.3.2.16.1.tar.gz /use/user/hermkit

⑤切换到 hermkit 用户,进入 hermkit 用户的默认目录:

[root@cd1adm001 /mnt] cd /use/user/hermkit

[root@cd1adm001 hermkit]su hermkit

[hermkit@cd1adm001 ~]ls(可以查看到拷贝过来的 ATS 软件包和数据包)

⑥解压这两个文件,解压完成后可在 hermkit/scripts 下看到这 2 个文件解压出来的文件,如图 4-62 所示。

[hermkit@cd1adm001 ~]tar zxvf kit. CBTC_SW_3.2.16.1.tar.gz

[hermkit@cd1adm001 ~]tar zxvf kit. CHENGDU_L1_CFG.3.2.16.1.tar.gz

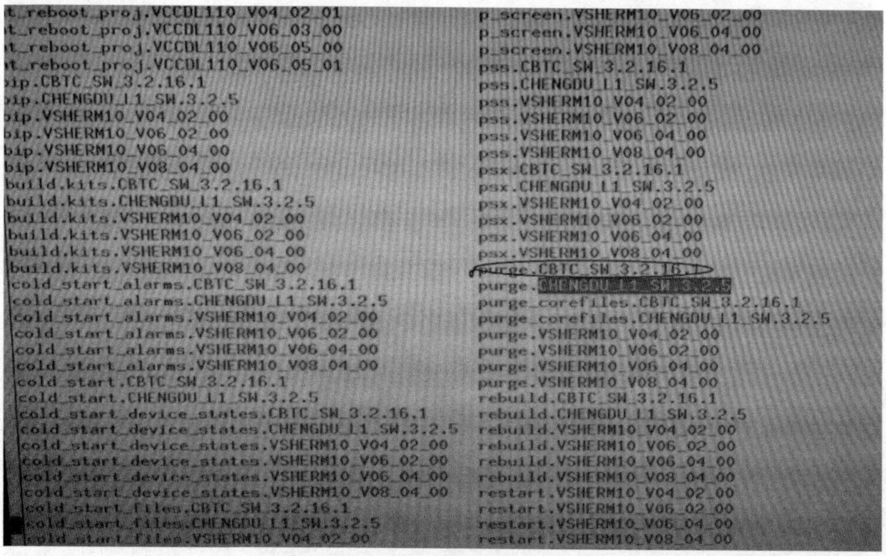

图 4-62 文件解压结果

⑦切换回 cd1svc 用户,运行 activate_kit,运行后会出现如图 4-63 所示界面。

［hermkit@ cd1adm001 ~］su cd1svc

［cd1svc@ cd1adm001 hermkit］cd

［cd1svc@ cd1adm001 ~］./scripts/activats_kit

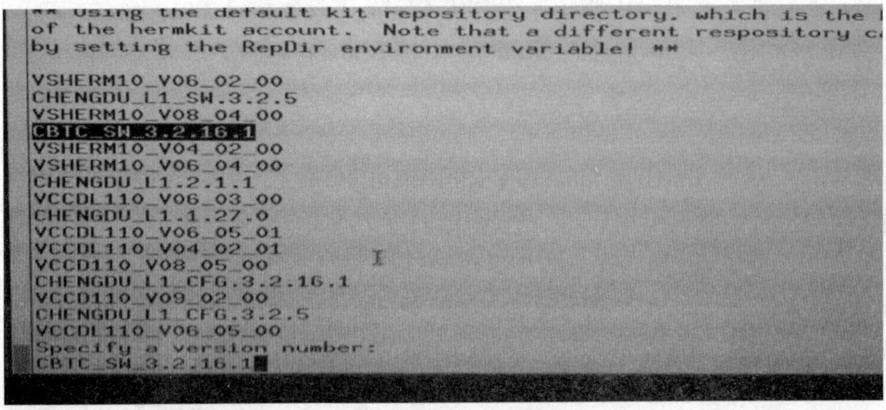

图 4-63　运行 activate_kit 界面

⑧按住鼠标左键拖选 CBTC_SW_3.2.16.1,再按住鼠标中键复制到 Specify a version number:,然后点回车,软件会进行链接激活,如图 4-64 所示。

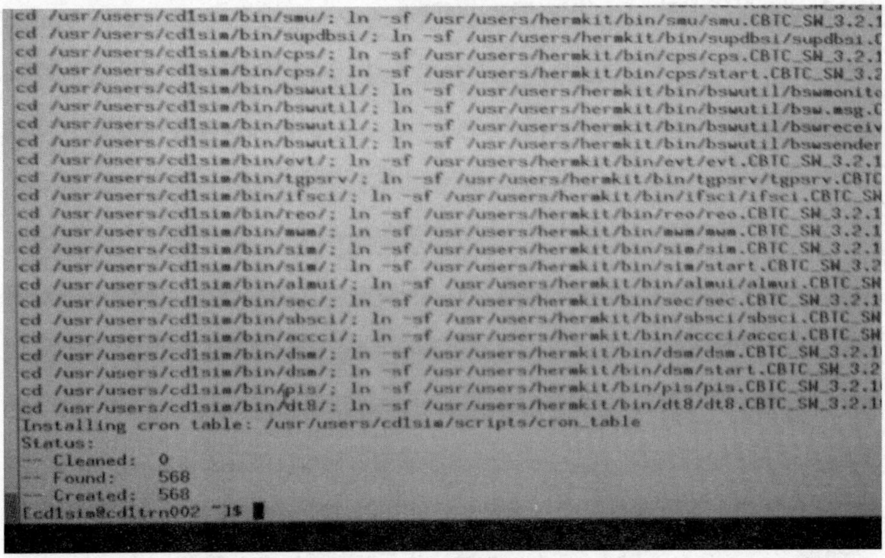

图 4-64　链接激活

图 4-61 最下方有个链接激活的结果数据,如图 4-65 所示。

Cleaned:清理。

Found:发现。

Created:创建。

当 Found 和 Created 数量一致时,才表示激活成功,若数据不一致,或数字过小,比如只有十几、四十几,或 Cleaned 有数据,表示激活失败,需要重新激活。激活失败,如图 4-66 所示。

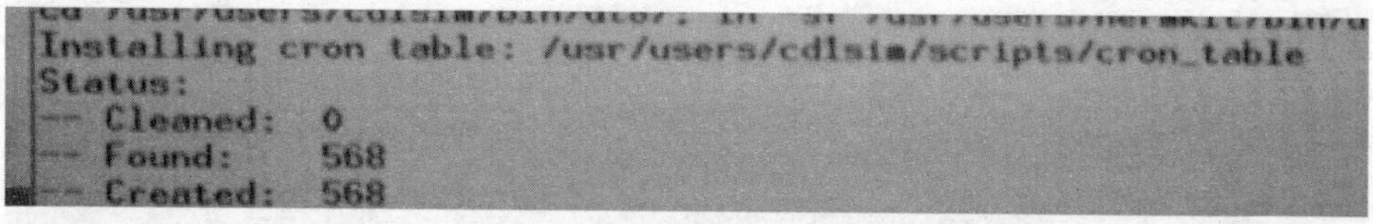

图 4-65 链接激活结果数据

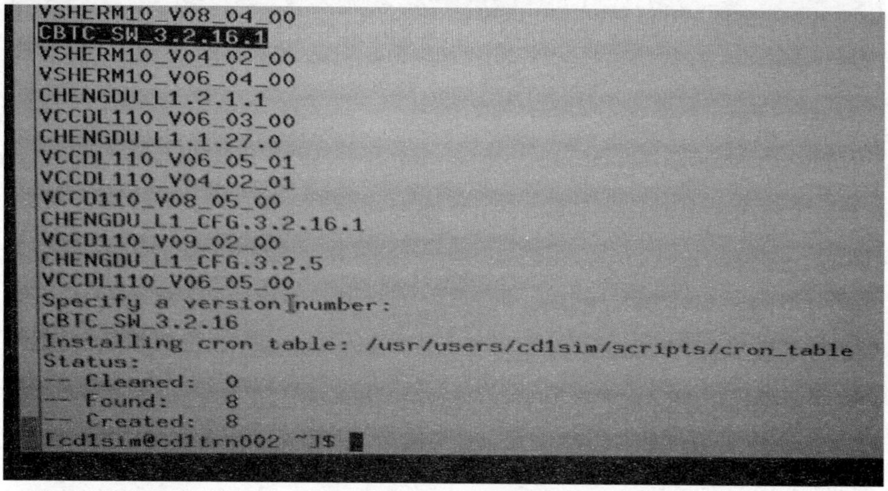

图 4-66 激活失败

激活软件包后,采用同样步骤激活配置包。连接激活的时候请先激活软件包 SW,再激活配置包 CFG,然后再激活一次软件包 SW。

⑨激活配置包 CHENGDU_L1_CFG.3.2.16.1,如图 4-67 所示。

⑩软件包和数据包都链接激活成功后,按照查看软件版本的方法查看当前软件版本是否为更新后的版本。

⑪检查完成后用 reboot 命令重启工作站或者服务器。重启完成后最好再检查一下当前版本信息,再次确认。

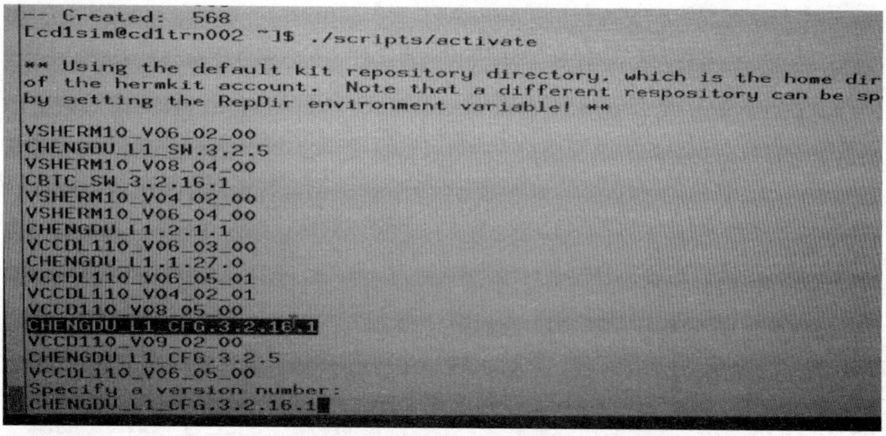

a)

图 4-67

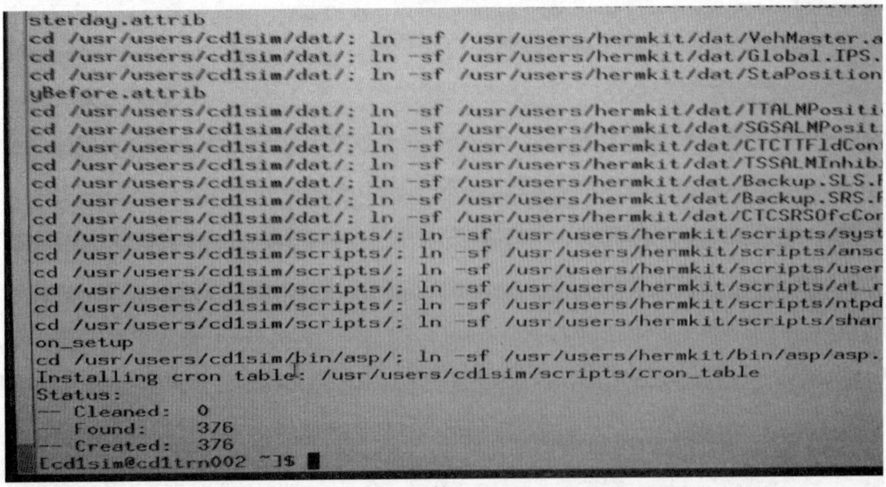

图 4-67 激活配置包

3. ATS 应用软件清理

（1）ATS 应用软件可能经过多次软件升级或补丁升级，旧的应用软件和数据库保存在服务器或工作站上，占用大量存储空间，因此需要对旧的应用软件和数据库进行清理，确保系统有足够的存储空间。

（2）正在使用中的 ATS 应用软件是不可清理的，清理不会成功，同时还会导致系统出错。所以先要用应用软件版本查看的方法查看当前使用软件版本号。

（3）清理步骤，以软件包 CBTC_SW_3.2.16.1 为例。

①切换为 hermkit 用户，在 hermkit 用户下清理不再需要保存的应用软件：

[cd1svc@ cd1adm001 ~] su hermkit

②进入 scripts 查看，hermkit 默认目录下存放着所有软件包和配置包的压缩文件，如图 4-68 所示。

[hermkit@ cd1adm001 ~] cd scripts

[hermkit@ cd1adm001 scripts] ls

假设查看到当前使用的软件版本是 CHENGDU_L1_SW.3.2.5，现在需要清理版本号为 CBTC_SW_3.2.16.1 软件包。图 4-68 中圆圈里的便是需要清理的软件版本，灰底色覆盖的是需要保留的软件版本。

③确定好需要保留和清理的软件版本后，运行 purge 脚本程序来保留和清理软件版本：

[hermkit@ cd1adm001 scripts] ./purge. CHENGDU_L1_SW.3.2.5 CBTC_SW_3.2.16.1

purge 命令使用格式为：./purge. 要保留的软件版本—空格—要清理的软件版本

④回车运行。

用户确认清理，如图 4-69 所示。

首先完成对磁盘空间的扫描，然后列出即将要删除的目录和文件，再次确认是否清理，输入 y，如图 4-70 所示。

全部目录和文件删除完毕后会回到命令输入状态，此时表示 CBTC_SW_3.2.16.1 这个版本的软件已经完成清理。

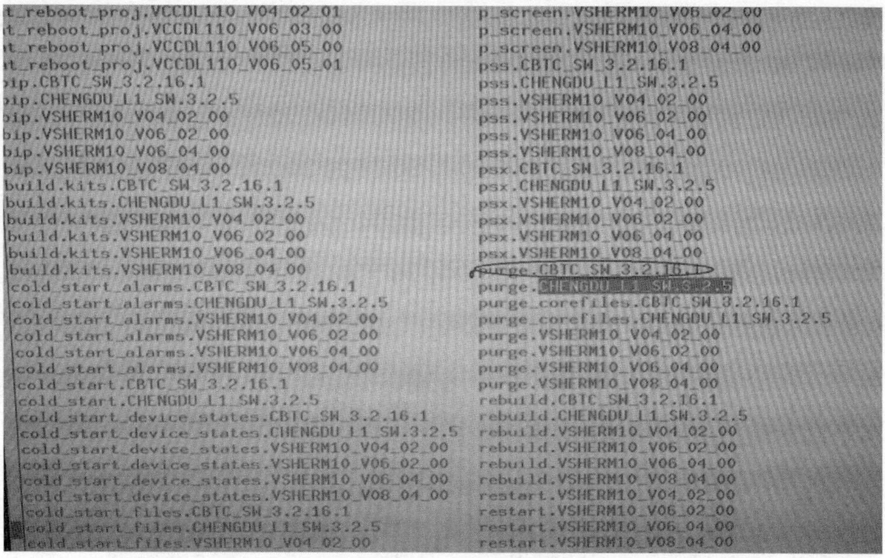

图 4-68　查看所有软件包和配置包结果

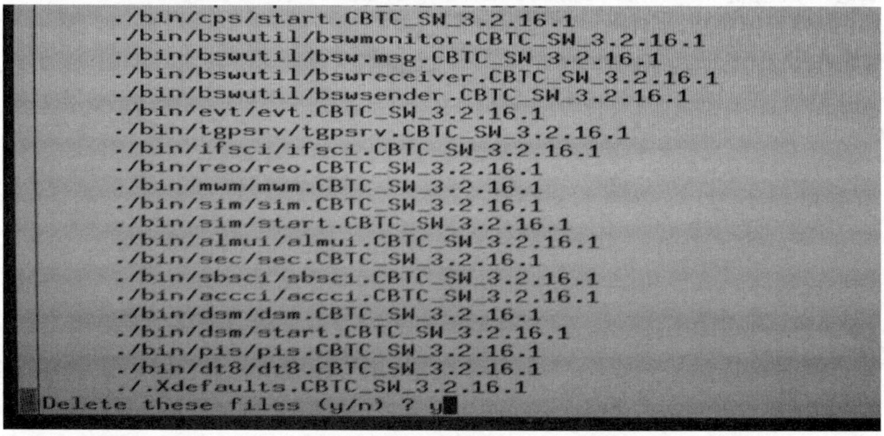

图 4-69　用户确认清理

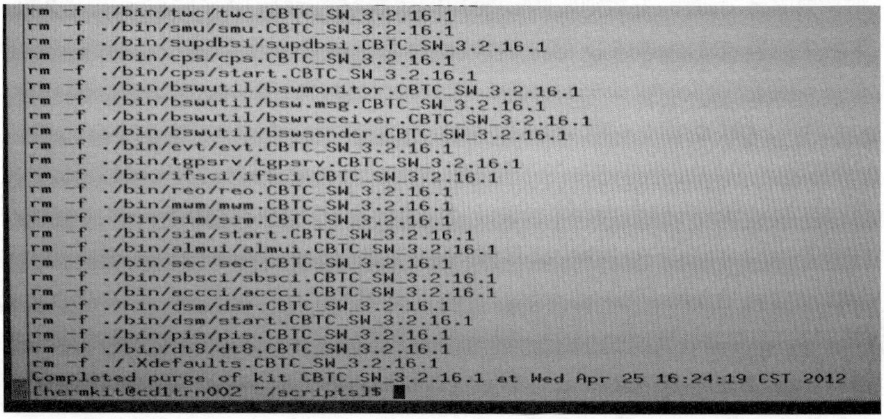

图 4-70　运行结果

⑤使用 ls 命令进行查看,检查是否还存在 CBTC_SW.3.2.16.1 相关的文件,同时还需要检查 CHENGDU_L1_SW.3.2.5 相关文件是否保留。

⑥返回到 hermkit 默认目录清理 CBTC_SW_3.2.16.1 的压缩文件:

[hermkit@ cd1adm001 scripts]cd

[hermkit@ cd1adm001 ~]ls

[hermkit@ cd1adm001 ~]rm – rf kit.CBTC_SW_3.2.16.1.tar.gz 删除软件压缩包(可用 rm – rf 命令清理相关版本的各种信息、文本文件)

至此,版本号为 CBTC_SW_3.2.16.1 的应用软件所有文件清理完毕。

工作任务五 故障诊断和处理

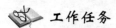

工作任务

(1)熟悉浙大网新 ATS 子系统工作站硬盘恢复操作方式。

(2)熟悉浙大网新 ATS 子系统常见硬件故障及处理方式。

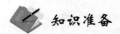

知识准备

一、ATS 服务器/工作站硬盘恢复

ATS 服务器/工作站硬盘恢复是 ATS 检修工必须掌握的专业技能,主要分为硬件恢复和软件恢复:

(1)硬件恢复

当 ATS 服务器或工作站硬盘出现硬件损坏或故障导致无法使用时,需使用新硬盘装入正在使用的系统软件和应用软件,通过修改相应配置,再替换掉坏的硬盘,使服务器或工作站恢复工作。通俗地说就是更换硬盘,硬件恢复也包含了软件恢复的操作。

(2)软件恢复

软件恢复指服务器或工作站硬盘由于使用的系统软件或应用软件出现关键文件被破坏或被修改导致系统或软件无法正常使用时,对其进行系统软件或应用软件还原或重装的方法,前提是硬盘本身无问题。

1. ATS 工作站硬盘恢复

(1)作业准备

①如果是新装或硬盘硬件损坏需要更换,则需准备一块装有现用系统软件的新硬盘。

②装有运营使用中的应用软件安装包和配置包的 U 盘一个(本教材用来举例的 ATS 软件包为 kit.CBTC_SW_3.2.16.1.tar.gz,配置包为:kit.CHENGDU_L1_CFG.3.2.16.tar.gz)。

③防静电手环(根据作业人数准备相应个数)。

④通用台式机硬盘数据线一根。

(2)软件安装

软件安装主要针对故障硬盘只是应用软件故障或需要更换硬盘的情况下所使用的新硬盘

只有系统软件未安装应用软件,若是更换硬盘所使用的新硬盘已有使用中的应用软件,可跳过此步骤直接进行数据配置。

若是需要更换新硬盘,先将故障工作站关机,将坏的硬盘取出,再将准备好的新硬盘数据线插好,开启工作站。(若不需更换硬盘,则跳过此步骤)

①系统正常启动后,使用鼠标右键点击空白处出现菜单,如图 4-71 所示。

②鼠标左键点击 New Window,出现 shell 窗口即命令提示框,如图 4-72 所示。

③输入超级用户密码:svc4cd1。

④建立 hermkit 用户。

a. 切换到 root 用户,创建 hermkit 用户,设置 hermkit 用户的 HOME 目录为/usr/users/hermkit:

[cd1svc@ cd1adm001 ~] su root

图 4-71 软件安装菜单

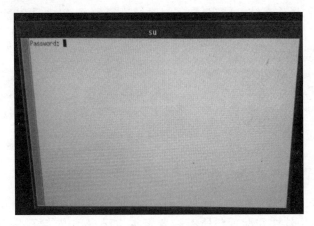

图 4-72 命令提示框

[root@ cd1adm001 cd1svc]/usr/sbin/useradd -d /usr/users/hermkit -m hermkit

b. 设置 hermkit 用户密码:

[root@ cd1adm001 cd1svc] passwd hermkit

c. 设置 hermkit 的 HOME 目录权限为 drwxr-xr-x:

[root@ cd1adm001 cd1svc] chmod 755 /usr/users/hermkit

⑤挂载拷贝有应用软件的 U 盘到工作站上。

⑥将 U 盘里的软件包和配置包拷贝到 hermkit 用户的默认目录:

[root@ cd1adm001 /mnt]cp kit.CBTC_SW_3.2.16.1.tar.gz /use/user/hermkit

[root@ cd1adm001 /mnt]cp kit.CHENGDU_L1_CFG.3.2.16.1.tar.gz /use/user/hermkit

⑦切换到 hermkit 用户,进入 hermkit 用户的默认目录,解压拷贝的软件包和配置包压缩文件:

[root@ cd1adm001 /mnt] cd /use/user/hermkit

［root@ cd1adm001 hermkit］su hermkit

［hermkit@ cd1adm001 ~ ］ls （可以查看到拷贝过来的软件包和配置包）

［hermkit@ cd1adm001 ~ ］tar zxvf kit.CBTC_SW_3.2.16.1.tar.gz

［hermkit@ cd1adm001 ~ ］tar zxvf kit.CHENGDU_L1_CFG.3.2.16.1.tar.gz

⑧切换到cd1svc用户，进入cd1svc的HOME目录。从HOME目录创建两个链接：

［hermkit@ cd1adm001 ~ ］ su cd1svc

［cd1svc@ cd1adm001 hermkit］$ cd ~

［cd1svc@ cd1adm001 ~ ］$ mkdir scripts

［cd1svc@ cd1adm001 ~ ］$ ln -sf /usr/users/hermkit/scripts/activate_CBTC_SW_3.2.16.1 scripts/activate_kit

［cd1svc@ cd1adm001 ~ ］$ ln -sf /usr/users/hermkit/scripts/activate.CBTC_SW_3.2.16.1 scripts/activate

⑨运行activate脚本命令安装ATS应用软件。

（3）数据配置

软件安装完毕后，操作系统安装完后，需对系统进行配置，以满足ATS软件的运行需求。

①系统配置前需从目前的系统中拷贝以下文件或目录到/root/Install下：

a. 显卡驱动安装脚本。

b. 多串口卡驱动安装脚本。

c. 网络配置脚本。

d. 打印机配置脚本。

e. NTP配置文件。

f. Hosts文件。

g. Anscad文件。

h. 字库安装文件。

②由于安装的应用软件和配置包所有配置脚本也已自动安装好，因此主要需对主机名、IP、网络配置、显示器、屏保、电源时间及启动变量等进行配置，其他参数直接用命令查看是否配置正确就可以了。

a. 主机名及网络配置。

ⓐ在root用户下的默认路径输入cd Install/。

ⓑ然后输入./net_config.sh。

ⓒ出现一个配置窗口，依次输入主机名按回车键确定。

ⓓ配置A网IP地址（相关地址请在根目录下/etc/下的hosts文件中查找）。

ⓔB网会根据A网自动配置。

ⓕ查看路由设置（不需root用户）。

ⓖcd /etc/sysconfig/network-scripts回车。

ⓗ使用more命令：more route-eth1。

b. 显示配置。

vi /etc/X11/xorg.conf在弹出的配置文件窗口里找到Xinerama "1"（1为车站，0为中央）

blank time "0"。此操作需重启后生效。

一般来说,通常是直接将相同显卡和屏幕配置的其他工作站的 xorg.conf 文件直接拷贝过来覆盖就可以了,这样做也可以省去屏幕数量的设置。

c. 屏幕数量设置。

输入 nvidia-settings 回车后会出现一个显卡配置的图形窗口,如图 4-73 所示。

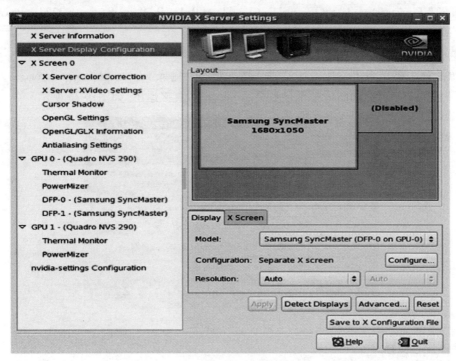

图 4-73　显示配置窗口

在左上角选择"X server Display Configuration",会出现一个配置栏,如图 4-74 所示。

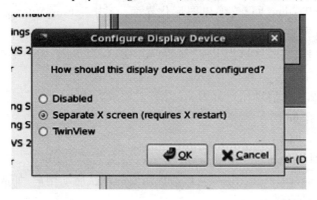

图 4-74　配置栏

选"Separate X screen"为单屏、选"Twinview"为双屏。经过测试,无论这里选哪种都对工作站的屏幕数量设置没有影响,所以最好还是拷贝相同屏幕数量配置的工作站的 xorg.conf 文件。

d. 屏保设置。

ⓐ方式1：输入 gnome-screensaver-preferences 回车，弹出图形界面，在 activate screensaver when computer is idle 前勾选框不要打钩（打钩为需要屏保）。

ⓑ方式2：使用 VI 命令编辑文件。修改/etc/X11/xorg.conf 文件，在 Section "Screen" 加入一行，注意区分大小写：

Option " RegistryDwords" " PowerMizerEnable = 0x1；PerfLevelSrc = 0x2222；PowerMizerLevelAC = 0x1"

e. 电源设置。

电源设置主要是为了不让工作站进入休眠状态。输入 gnome-power-preferences 回车，将"Sleep"下面的2个可拖动图标拉至最后显示 nerver 后直接退出，如图4-75 所示。

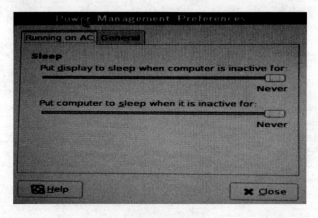

图 4-75　电源设置

f. 字体设置检查。

输入 rpm-q wqy-bitmapfont 回车，显示的内容为：wqy-bitmafont-0.8.1-7 则为正常。

g. 时间源设置。

输入 system-config-time 回车，弹出图形化界面，点击 Network time protocol 栏，在 Enable network time protocol 前打钩，如图4-76 所示。

点击 Time Zone 栏，将时区选为上海，最后点击 OK 保存退出，如图4-77 所示。

h. 默认启动参数配置。

通常 ATS 工作站默认启动用户都为 svc 用户。修改方法为：

ⓐcd /usr/share/gdm 回车。

ⓑvi defaults.conf 回车。

ⓒ在文件中找到"AutomaticLoginEnable = true（此处需要为 true）。

ⓓautomaticlongin = cd1svc（cd1svc 可以改成需要的默认启动用户，如成都地铁1号线集中站工作站一般改成 cd1lcw）。

所有配置修改完成后，用 reboot 命令重启工作站，如果重启后还发现有问题，则按以上步骤重新仔细检查一遍看是否操作有错。ATS 工作站硬盘恢复作业若遇到需要整机更换的，须在更换前牢记网线位置，恢复时一定不要插错。更换完硬盘后做好标记，登记相关台账。

项目四　浙大网新中心信号设备

图 4-76　Network time protocol 设置

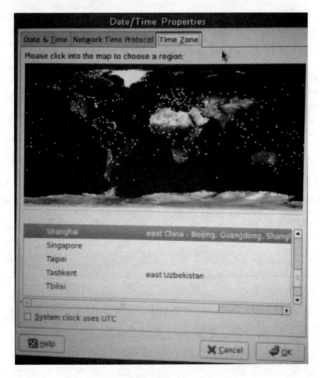

图 4-77　Time Zone 设置

2. ATS 服务器硬盘恢复

(1)服务器硬盘恢复相对简单,一般服务器上都有两块硬盘,如果两块硬盘都坏了,请参

169

照工作站硬盘恢复方法,使用工作站远程登录或机架显示器进行软件安装及数据配置。

(2)服务器的两块硬盘平时都同时在进行数据交换和工作,正常情况下两块硬盘的数据工作灯都是同步绿色闪烁。

(3)如果服务器有一块硬盘故障,故障硬盘的数据工作指示灯会显示为稳定黄色。将坏的硬盘拔出,将新的空硬盘插入,好的硬盘就会向新硬盘备份所有系统文件及数据。刚更换上新硬盘时,两块硬盘的数据工作指示灯会交替绿色闪烁,数据交换完毕后就会同步绿色闪烁,这个时候新的硬盘就已经恢复为运营使用状态了。

(4)服务器硬盘一般支持热插拔,但在不影响运营的情况下最好收车之后将服务器断电,再插入新硬盘进行恢复。

二、服务器/工作站主机硬件故障处理

服务器/工作站主机常见的硬件故障可归结为内存故障、硬盘故障、显卡故障、光驱故障等。

1. 内存故障

(1)故障现象

根据服务器(在线)前面板系统快速诊断板指示灯可以看到某一个或多个 DIMM 灯现实红色或橙色(正常为琥珀色)。

(2)解决方法

关闭服务器,拔掉电源,找到故障内存条,拔下后重新插回或重新换一个卡槽插回(颜色相同卡槽),然后再开机,若故障仍存在,换新内存。

2. 硬盘故障

(1)故障现象

硬盘故障现象,如表 4-35 所示。

硬 盘 故 障 现 象　　　　　　　　　　表 4-35

在线/活动 LED 灯(绿色)	故障/UID LED 灯(红色/蓝色)
亮,不亮,或者闪烁	交替亮红色和蓝色
亮	红色,规律性闪烁(1Hz)
不规律性闪烁	红色,规律性闪烁(1Hz)
不亮	红色,规律性闪烁(1Hz)
不亮	红色

①系统不能识别硬盘。

系统从硬盘无法启动,使用 CMOS 中的自动监测功能也无法发现硬盘的存在。这种故障大都出现在连接电缆或 IDE 端口上,硬盘本身故障的可能性不大,可通过重新插接硬盘电缆或者改换 IDE 口及电缆等进行替换试验,就会很快发现故障的原因。

②系统无法启动。

造成这种故障通常是基于以下几种原因:主引导程序损坏、分区表损坏、分区有效位错误。

③硬盘出现坏道。

(2) 解决方法

更换硬盘。由于硬盘支持热插拔,所以可以在不关闭服务器的情况下更换故障硬盘。更换之前要确认硬盘是否是空白硬盘,检查是否有重要数据。

3. 显卡故障

(1) 故障现象

①开机无显示。

此类故障一般是因为显卡与主板接触不良或主板插槽有问题造成。

②显示颜色异常。

此类故障一般有以下原因:

a. 显示卡与显示器信号线接触不良。

b. 显示器自身故障。

c. 在某些软件里运行时颜色不正常,一般常见于老式机,在 BIOS 里有一项校验颜色的选项,将其开启即可。

d. 显卡损坏。

e. 显示器被磁化,此类现象一般是由于与有磁性的物体过分接近所致,磁化后还可能会引起显示画面出现偏转的现象。

③死机。

出现此类故障一般多见于主板与显卡的不兼容或主板与显卡接触不良;显卡与其他扩展卡不兼容也会造成死机。

(2) 解决方法

更换显卡。

4. 光驱故障

(1) 故障现象

光驱不能读取光盘数据或不能刻录。

(2) 解决方法

更换新光驱。

思考与练习

1. 简述浙大网新 ATS 子系统设备的组成及功能。

2. 浙大网新 ATS 子系统主机服务器、通信服务器、接口服务器的主要功能分别是什么?

3. 浙大网新 ATS 子系统如何登录与注销?

4. 浙大网新 ATS 子系统服务器和工作站的检修周期分别是多长?

5. 简述浙大网新 ATS 子系统 5 年检内容。

6. 简述浙大网新 ATS 子系统内存故障解决办法。

7. 简述浙大网新 ATS 子系统硬盘故障现象及处理方法。

参 考 文 献

[1] 何宗华,汪松滋,何其光.城市轨道交通通信信号系统运行与维修[M].北京:中国建筑工业出版社,2006.
[2] 吴汶麟.城市轨道交通信号与通信系统[M].北京:中国铁道出版社,2006.
[3] 林瑜筠.城市轨道交通信号设备[M].北京:中国铁道出版社,2006.
[4] 李建国.城市轨道交通系统概论[M].北京:机械工业出版社,2009.
[5] 邢红霞,张党国.城市轨道交通信号设备维护与保养[M].重庆:重庆大学出版社,2013.